Das Müggelspree-Köpenick Kochbuch

– Küchenplauderei zwischen Paddeltour und Quetschkartoffeln –

Torsten Kleinschmidt

ISBN 978-3-86037-428-3

1. Auflage

©2011 Edition Limosa GmbH
Lüchower Straße 13a, 29459 Clenze
Telefon (0 58 44) 97 11 63-0
Telefax (0 58 44) 97 11 63-9
mail@limosa.de, www.limosa.de

Redaktion:
Torsten Kleinschmidt

Lektorat:
Doreen Rinke

Satz und Layout:
Zdenko Baticeli, Lena Hermann, Christin Stade

Korrektorat:
Ulrike Kauber

Unter Mitarbeit von:
Martina Bergmann

Medienberatung:
Torsten Kleinschmidt

Gedruckt in Deutschland.

Alle in diesem Buch enthaltenen Angaben, Ergebnisse usw. wurden von den Autoren nach bestem Wissen erstellt und von ihnen sowie dem Verlag mit größtmöglicher Sorgfalt überprüft. Dennoch sind Fehler nicht völlig auszuschließen. Daher erfolgen alle Angaben usw. ohne jegliche Garantie des Verlages oder der Autoren. Wir übernehmen deshalb keinerlei Verantwortung und Haftung für etwa vorhandene inhaltliche Unrichtigkeiten.

Das Werk einschließlich aller seiner Teile ist urheberrechtlich geschützt. Jede Verwertung außerhalb der engen Grenzen des Urheberrechtsgesetzes ist ohne Zustimmung des Verlages unzulässig und strafbar. Das gilt insbesondere für Vervielfältigungen, Übersetzungen, Mikroverfilmungen sowie die Einspeicherung und Verarbeitung in elektronischen Systemen.

Torsten Kleinschmidt

DAS
MÜGGELSPREE-KÖPENICK
KOCHBUCH

Küchenplauderei zwischen Paddeltour und Quetschkartoffeln

Geschichten und Erzählungen

Das versteckte Paradies: die Müggelspree Region	14
Die Badewannen-Stöpsel-Story von 1985	19
Zum Baden nach Friedrichshagen	24
Salat Olivie – eine Silvestertradition	28
Woltersdorfer »Gashäuschen« – ein Geheimtipp	34
Markgrafensteine bei Rauen	42
»Rotkäppchensteak«	45
Das Bratkartoffelverhältnis	48
Musik-Eier	53
Generation »Ottokar« – Erinnerung an Otto Häuser	57
Wie Köpenick zu seinem Namen kam	58
Mein Leben als Binnenschiffer-Kind	64
Der Fischer vom Müggelsee	69
Auf Erkundungstour im Kietz zu Köpenick	74
Viele Gerichte haben ihren Ursprung in Berlin	79
Unterwegs zwischen Rahnsdorf, Neu Venedig und Püttberge	83
Wild kochen oder wild kochen	90
Berliner Geburtstagsbouletten 1987	97
Eine haarsträubende Geschichte: Förstermord am Müggelsee	101
Küchenmeister-Tipp: Zubereitung von Rindersteaks	107
Hasenbrot? – Wau!	111
Der Hauptmann von Köpenick	115
Als Woltersdorf noch Hollywood war	118
Erdbeerspinat aus dem Bauerngarten	121
Schöneiche – Waldgartenkulturgemeinde	125
Auf den Spuren des Bergbaus in den Rauener Bergen	132
Erkner – eine Pfälzer Kolonie	136
Rhabarber-Gemüse?	142
Sauce, Soße, Tunke ... ist das halbe Essen	145
Die Kochmütze – das Geheimnis der 99 Falten	150
Rüdersdorfer Tscherper-Essen	154
Abenteuer Einkaufen im »Russenmagazin«	161
Hermann-Kuchen – vom brüderlichen Teilen	164
Die Pfannkuchen-Story – eine »Berliner« Erklärung	170
Teig kneten ist Meditation	178
Der Pantoffelgast	182

Inhaltsverzeichnis

Torsten Kleinschmidt – »Geschichten zum Essen« 6
Gedanken zu diesem Buch – Heimat auf dem Teller 8
»Himmelkreuz und Gardemaß« 9
Ein Geleitwort 10
Ein Herzliches Dankeschön an 12

Salate 18
Suppen und Eintöpfe 30
Gemüsegerichte und Beilagen 44
Fischgerichte 62
Fleischgerichte 78
Kleine Besonderheiten 108
Aus Wald und Garten 120
Nachspeisen und Kompott 130
Saucen und Gewürze 144
Kuchen, Torten und Gebäck 162

Begriffserläuterungen 184
Maße und Gewichte 185
Abkürzungen 185
Bildquellennachweis 185
Rezeptregister, alphabetisch 186

Wenn nicht anders vermerkt, sind alle Rezepte für vier Personen ausgelegt.

Sommergruß

Schloss Köpenick

Torsten Kleinschmidt – »Geschichten zum Essen«

Von Stephan Dierichs

Vor nunmehr fünf Jahren sind wir uns begegnet. Torsten Kleinschmidt, der erfahrene Koch und Küchenleiter und ich, der unerfahrene Autor eines kleinen Bändchens zu historischen Gasthöfen und Hotels in Brandenburg. Damals interessierte mich das Haus »Prinz Albrecht« in Neuzelle, dem Torsten Kleinschmidt vorstand. Neugierige Augen mit einem immer etwas prüfenden Blick musterten mich während des Gespräches zu meinen Recherchen. Schnell war klar, da gab es Leidenschaften, die ausgelebt werden und das nicht nur in der Küche. Diese Leidenschaft für das Lebensmittel im Sinn der Worte, nämlich den Mitteln zum Leben, verband uns schnell. Pläne, die nicht nur Pläne blieben, wurden geschmiedet. Kleinschmidt hält sein Wort, immer.

Wir haben uns in diesen fünf Jahren nie wirklich aus den Augen verloren. Was uns immer wieder zusammentreffen lässt, ist die Leidenschaft für die Esskultur. Dafür, neue Wege zu finden, manchmal auch zu erfinden. Kleinschmidt interessiert sich wie kein anderer mir bekannter Koch für die Brandenburger Küche mit traditionellen Zutaten ebenso wie mit neu gefundenen. Er verarbeitet, mischt, kreiert Speisen und Gerichte, die ihre Herkunft nicht verleugnen aber immer modern sind. Dabei kennt er jeden Produzenten und es würde mich nicht wundern, wenn er jedem Tier, das in seiner Küche verarbeitet wird, nicht schon mal in die lebenden Augen geschaut hat, bevor es in Töpfen und Pfannen zum Köstlichsten verarbeitet wird, was Frau und Mann in Brandenburg finden können.

Auenlandschaft

Er tobt und schreit nicht durch die Küche, er spielt sich nicht als Maître im Gastraum auf, er managt seine Mitarbeiter mit souveräner Hand und strahlt oft etwas verschmitzt Jungenhaftes aus, wenn er wieder eine neue Kreation auf den Tisch bringt. Immer will er mehr erfahren, schreibt schnell eine Notiz zu einem bisher unbekannten Gewürz oder Gemüse auf, damit es in der Küche probiert werden und das nächste Mal dem Besucher als Bestandteil, raffiniert verarbeitet, im Menü serviert werden kann. Jedes Gericht ist eine der Geschichten, die sich im Laufe seines Küchenlebens angesammelt haben. Diese Geschichten kann man essen und das ist das Erstaunlichste an den Kreationen Kleinschmidts. Um hinter dieses Geheimnis zu kommen, habe ich ihn nach seinem Kochtraum gefragt.

T.K.: »*Wir sind verdammt arm geworden, arm an Genuss. Vor 100 Jahren hatte jede Region ihren eigenen Geschmack. Er war auszumachen an unzähligen Gemüse- und Obstsorten, an verschiedenem Geflügel, an Schlachtfleisch von verschiedenen Haustierrassen. Diese Vielfalt ist uns verloren gegangen, alles ist gleich. Zum Beispiel: wie viele Apfelsorten werden angeboten, in Hamburg das gleiche Sortiment wie in München und uns ist die Vorfreude verloren gegangen. Jedes Lebensmittel hat seine Jahreszeit, wann es am besten schmeckt. Beim Spargel halten wir uns noch daran, aber weiß noch einer, wann Eier am besten schmecken? Es gab eine Zeit, da wusste jede Hausfrau, wann Hühnereier wie schmecken. Ist es so schlimm, auch mal zu warten, bis es draußen kalt ist oder müssen wir schon am 1. September Christstollen und Lebkuchen essen, nur weil es sie schon zu kaufen gibt? Schmecken diese Dinge nicht viel besser, wenn wir uns mal einen Tag eine Auszeit nehmen und sie selber zubereiten und dann mit Genuss und mit der Familie gemeinsam verzehren? Mein Traum ist es, ein bisschen Lebensweisheit aus dieser Zeit zurück zu gewinnen. Zurück in die Zukunft – den Luxus im Einfachen zu finden. Es wird immer schwieriger, Produkte zu finden, die unverfälscht und ungenormt natürlich schmecken. Es gibt sie, die Erdbeeren, die nach Vanille schmecken, es gibt Tomaten mit unvergleichlichem Geschmack und es gibt Wildkräuter … Kartoffelsorten, wie die besonders schmackhafte Heideniere …*«

Hinter jedem seiner Sätze steckt eine tiefere Wahrheit. Es ist an uns, sie zu entdecken und zu verstehen. Während wir lesen und nachkochen, sammelt Torsten Kleinschmidt schon wieder neue Geschichten. Ich freue mich auf dieses Buch wie auf die vielen anderen Bücher und Geschichtengerichte, die Torsten Kleinschmidt noch auftischt.

Zum Wohl

Gedanken zu diesem Buch – Heimat auf dem Teller

Das Leben ist eine Wanderung mit vielen Stationen, so auch bei mir. Es gibt Zwischenstationen – also Orte in meinem Leben, an denen ich mich länger aufgehalten habe und mit denen ich mich auch verbunden fühle. Und es gibt Heimat – dort bin ich aufgewachsen, dort sind meine Wurzeln und dort ist mein Herz. Heimat ist sehr individuell. Für mich sind es wunderbare Kindheitserinnerungen: der herrliche Duft von Großmutters Apfelkuchen, fröhliche Familienausflüge oder Mutters liebevoll tröstende Worte. Auch wenn Heimat für jeden Menschen etwas anderes bedeutet, sicher ist: Das Gefühl von Heimat schenkt uns Kraft für die bitteren und süßen Überraschungen, die das Leben für uns bereithält. Heimat ist der sichere Hafen, in den wir zeitlebens immer wieder gerne zurückkehren – ob greifbar als Ort oder einfach nur in unseren Gedanken. Der Schriftsteller Horst Bienek sagte einmal über Heimat: »Sie ist in meinem Kopf. Und sie ist in meiner Seele.«

Für dieses Buch habe ich meine Heimat besucht und dabei auch neu entdeckt. Mein Wunsch war es, die Heimat auf dem Teller zu schmecken. Was ist das Besondere meiner Region? Gibt es Dinge, die nur hier zu finden sind? Ja, es gibt sie! In vielen Gesprächen mit guten »alten Bekannten«, aber auch bei neuen Begegnungen mit Menschen der Region, wurden mir neben Rezepten und Familiengeschichten auch viele Besonderheiten der Region nahe gebracht. Dabei durfte ich oft in Kochtöpfe schauen, Räume betreten, die sonst verschlossen sind, habe zugehört, aufgeschrieben und immer wieder nachgefragt. Mein Fazit: Die »Randberliner Heimatküche« ist die Vielfalt der Menschen, die hier leben und die Rezepte haben ihre Wurzeln überall in Deutschland und Europa. Dieses Buch soll anregen, auf Entdeckungsreise zu gehen und dazu beitragen, ein wichtiges Kulturgut – die Esskultur und das Lebensgefühl dieser Region mitten in Europa – zu erhalten.

Die Rezepte in diesem Buch sind für jeweils vier Personen ausgelegt. Haben Sie Mut, mit eigenen Vorlieben und Ideen die Rezepte so zu verändern, wie es Ihnen und Ihrer Familie gefällt. Unendlich sind die Möglichkeiten der Zubereitung.

Viel Spaß beim Schmökern, Genießen, Probieren und Entdecken wünscht

Küchenmeister
Torsten Kleinschmidt

»Himmelkreuz und Gardemaß«

Wenn ick et nicht schon wäre, könnte ick ma tot ärgern. Da marschiere ick 1906 in det Rathaus zu Köpenick, nur, um den schnöden Mammon zu holen und habe vollkommen die Schönheit der Gegend mißachtet. Allein det schöne Rathaus, erbaut 1905, mit seinem Ratskellerschankgewölbe, in dem heute so wunderbare Veranstaltungen wie det »Blues & Jazzfestival« oder die kabarettistischen Veranstaltungen von meinem heutigen würdigen Vertreter, Jürgen Hilbrecht, stattfinden. Na, und denn det Köpenicker Schloss, in dem, im Wappensaal, der berühmte Kriegsgerichtsprozess gegen den Kronprinzen und seinen Freund Katte statt fanden. Heute ist da ein wunderbares Kunstgewerbemuseum untergebracht.
Völlig blind war ick ja auch für die wunderbare Insellage der Altstadt, wo die Dahme und die Spree im großen Becken zusammenfließen. Und da, wo die herkommen, da gibt es Natur pur: Müggelberge & Müggelsee, Kanonenberge & Langer See. Aber auch, Seddinsee, Demeritzsee, Stinitzsee, Krossinsee, Zeuthner See, Störitzsee, Kalksee, Straussee, Werlesee, Dolgensee, Teupitzer See, Bötzsee, Rangsdorfer See, Motzner See, Mellensee, ... seh'n se, da hätt' ick viel zu seh'n gehabt.
Doch machen Sie es besser wie ick: komm' se und seh'n.
Der Hauptmann von Köpenick
Nein, nicht er selber, sein »Stellvertreter auf Erden«.

Jürgen Hilbrecht

Zu Besuch beim »Hauptmann« Jürgen Hilbrecht alias Hauptmann von Köpenick

Ein Geleitwort

Küchenmeister Torsten Kleinschmidt ist in unserer Region längst kein unbeschriebenes Blatt mehr. Er hat sich einen Namen »erkocht« und »erschrieben« – und das weiß man inzwischen nicht mehr nur in unserer Region, sondern auch schon in Potsdam, Berlin und sogar in Sankt Petersburg. Und beschrieben hat er selbst ebenfalls schon viele »Blätter«, diese »Blätter« zu Buchseiten gemacht und in Kochbüchern zusammengefasst.

Aber Torsten Kleinschmidts regionale Kochbücher sind keine Kochbücher im herkömmlichen Sinne; es sind gleichzeitig Geschichtsbücher, Kulturbücher, Lese-

Die evangelische Kirche »Zum Guten Hirten« im Grünheide, erbaut 1892

Landrat Manfred Zalenga (li.) mit Autor Torsten Kleinschmidt

bücher, Heimatbücher … Schon bei der Erstellung des »Oder-Spree-Kochbuches« 2009 hat der leidenschaftliche Küchenmeister keine Mühen gescheut, ist durch die Städte und Dörfer unserer Region zwischen Oder und Spree gereist und hat den Leuten in die Kochtöpfe geguckt. Er hat mit ihnen gekocht, geredet, gegessen, längst vergessen geglaubte Traditionen und Rezepte wiederentdeckt.

Nun war er abermals »auf Schatzsuche«, diesmal in der Region der Müggelspree, seiner Heimat. In Woltersdorf geboren und in Schöneiche bei Berlin aufgewachsen hat der Autor schon von frühester Kindheit an die traditionellen Gerichte erschmeckt und den traditionellen Geschichten von Großmutter und Mutter gelauscht. Und schon als Kind erlebte er, wie sich die traditionsreichen heimatlichen Gerichte mit den Gerichten der »Zugezogenen« vermischten und die wunderbarsten, teils einfachen, teils gehobenen Menüs ergaben. Und genau so war es mit den (Küchen-)Geschichten.

Die Müggelspree-Region ist nicht »Big Apple«, aber ein kleiner »Kessel der Kulturen«, denn sie war und ist nach wie vor beliebter Wohnort für (ehemalige) Berliner, die der Großstadt entfliehen wollen, für Randberliner, die gern im Grünen wohnen und nur in der Hauptstadt arbeiten wollen und sie ist beliebtes Reiseziel für Urlauber aus Nah und Fern, die gern das »Spree-Athen« kennen lernen wollen – aber eben nicht 24 Stunden am Tag.

Das »Müggelspree-Köpenick (Koch)buch« kann Ihnen dabei ein ausgezeichneter, nicht nur kulinarischer, Reiseführer sein; und es kann den Einheimischen auf wunderbare Art und Weise vor Augen führen, in welcher herrlichen Landschafts- und Wohnsituation sie leben, welche entdeckenswerten, auch kulinarischen Traditionen es gibt und wie schön es sein kann, Kultur – auch Esskultur – zu pflegen, zu leben und zu vermitteln. In diesem Sinne viel Freude beim Erlesen, Erleben und Erschmecken der Müggelspree-Region – ein Blick ins Buch und zwei ins Leben, was heißen soll: Erleben Sie die Müggelspree-Region in ihrem faszinierenden Flair live!

Manfred Zalenga,
Landrat des Landkreises Oder-Spree

Historischer Ausflugsdampfer auf der Müggelspree

Ein Herzliches Dankeschön an ...

... gute Freunde, Bekannte, Familie und zahlreiche Menschen, die mir ihre Küchengeheimnisse verraten haben. Beim Erstellen des Buches durfte ich viele Menschen und ihre Geschichten kennen lernen. Ich war überrascht und bin sehr dankbar, dass mir oftmals spontan Familienrezepte, persönliche Geschichten sowie auch Fotos und Dokumente zur Verfügung gestellt wurden. Als »Einheimischer« dachte ich vieles zu kennen und war überrascht, wie viele neue Facetten die Region zu bieten hat.

Ganz besonders möchte ich meiner Familie – meiner Frau Heike und meiner Tochter Lena – danken, die mir mit Rat und Tat zur Seite standen. Geduldig ertrugen sie das Chaos in der Küche beim Ausprobieren und Nachkochen der Rezepte und akzeptierten meine alltäglichen, meist abendlichen Bürostunden am Wohnzimmertisch. Herzlichen Dank auch an meine Eltern, Heinz und Brigitte Kleinschmidt aus Schöneiche bei Berlin, die so manchen »Recherche-Auftrag« vor Ort erledigten und mit vielen Hinweisen und Ideen zum Entstehen des Buches maßgeblich beitrugen.

Wiese bei Gosen

Junge Schwäne am Müggelsee

Ich danke außerdem allen, die mir in Zuschriften oder persönlich ihre Familienrezepte und interessante Geschichten übermittelten:
Gisela Scharf, Rüdersdorfer Heimatfeunde e.V.; Brigitte Kleinschmidt, Schöneiche bei Berlin; Heinz Kleinschmidt, Schöneiche bei Berlin; Gerda Elisabeth Villvock, Berlin Altglienicke; Marina Schiller, Fürstenwalde; Iris Fasold, Schöneiche bei Berlin; Kerstin Töppe, Rahnsdorf; Manfred und Edith Gollnick, Schöneiche bei Berlin; Bäckerobermeister Wolfgang Scharmer, Hangelsberg; Stephan Spohn, Samariteranstalten Fürstenwalde; Matthias Renner, Wernsdorf; Jacqueline Schöne, Petershagen; Karl-Heinz Heß, Jägervereinigung Berlin-Müggelsee e.V.; Ingolf Pötsch, Fürstenwalde; Dirk Hemmerling, Woltersdorf; Magdalena Hemmerling, Woltersdorf; Birgit Arendt, Frankfurt Oder; Dr. Uta Fritz, Grünheide; Wilmar Otto, Erkner; Jochen Luczak, www. randberliner.de, Rahnsdorf; Marco Ostwald, Fürstenwalde; Torsten Schöne, Petershagen; Rainer Kockro, www.am-mueggelsee.de, Berlin Köpenick; Alexander Rostov, Weißwasser; Heike und Lena Kleinschmidt, Neuzelle; Stephan Scherer, Fürth; Mike Ziebart, Edeka Markt Schöneiche bei Berlin; Stephan Dierichs, www.tongeschichten.de, Werder; Jörg Kühl

Für die Unterstützung bei der Erstellung dieses Buches möchte ich mich außerdem bei folgenden Personen, Verbänden und Institutionen bedanken:
Landrat Manfred Zalenga; Mirjam Pikula, Altwustrow; Frank Knittermeier/Norderstedter Zeitung; Gerald Ramm, Autor & Verlag Woltersdorf; Paul-Gerhardt Voget, Heike Bley, Samariteranstalten Fürstenwalde; Herrn Simon, Heimatstube Rauen; Daniel Gehrke, Turngemeinde in Berlin 1848 e.V.; Steffen Zwickirsch, Bergbauverein Rüdersdorf 1990 e.V.; Frau Reich, Pressestelle Landratsamt Oder Spree; Andrea Noack, Modellpark Berlin-Brandenburg BUS GmbH; Sabine Weihrich, Gabriele Mahlkow, Fürstenwalder Tourismusverein e.V.; Kerstin Kirste, Norbert Huber, Tourismusverein Berlin Treptow-Köpenick e.V.; Wolfgang Boerger, Annerose Krüger, Köpenicker-Fischervereinigung e.V.; Gérard Lorenz, www.wochenmarktfoto.com; Reinhard Hensel, werbewerkstatt-hensel.com; Sebastian Stahl, Schöneicher-Rüdersdorfer Straßenbahn GmbH; Arno Ziechmann, Heimatmuseum Mönchwinkel; Ralf Kleinfeld, www.schinkel-galerie.de; Jürgen Hilbrecht – alias Hauptmann von Köpenick; Dr. Kurt Wernicke, Heimatverein Köpenick; Gerd Tschechne, Wolzig

Und nicht zuletzt möchte ich den Mitarbeitern des Verlages für die kreative und unkomplizierte Zusammenarbeit danken.

Friedrichshagen, Altes Rathaus in der Bölschestraße, erbaut 1899

Das versteckte Paradies: die Müggelspree Region

Die Müggelspree erstreckt sich von Fürstenwalde bis nach Köpenick. Kurz vor der Metropole Berlin und im Berliner Stadtbezirk Köpenick zeigt sich die Spree als besonderes Naturparadies und wird hier Müggelspree genannt. Die Spree wird auf dieser Strecke zur Auenlandschaft, zum kleinen Spreewald, zur Seenlandschaft und zu einer Miniaturausgabe von Venedig. Berlins größter See – der Müggelsee, auch das Müggelmeer genannt – wurde in den goldenen 1920er Jahren auch liebevoll als »Riviera des Ostens« bezeichnet. Diese Landschaft wird umrahmt von Berlins größten Bergen – den Müggelbergen.

Bei Fürstenwalde auf den Rauener Bergen – einer Anhöhe aus märkischem Sand – sind die möglicherweise größten Findlinge Deutschlands aus rotem Granit zu bewundern. Viele Zeitgenossen hatten sich Gedanken darüber gemacht, wie die riesigen Findlinge von Rauen – Markgrafensteine genannt – auf den (Sand-) Berg gekommen sind. Das Geheimnis löste Otto Torell, Direktor der schwedischen geologischen Landesanstalt. Ihm gelang 1875 der Nachweis für die Theorie der Inlandvereisung und er schrieb damit Weltgeschichte. Heute kann man im Rüdersdorfer Museumspark Bergbau- und Erdzeitgeschichte zum Beispiel bei einer Jeep-Safari hautnah erleben.

Die Landschaft der Müggelspree-Region erhielt wie die meisten Landschaften Brandenburgs ihre Prägung durch das nach Süden vorrückende Inlandeis der letz-

Stadtmuseum im Historischen Bürgerhaus in Fürstenwalde vor dem Dom

Kinder im Köpenicker Rathaus

ten Eiszeit vor etwa 20 000 Jahren. Nach dem Zurückweichen und Abtauen der Eismassen prägten enorme Schmelzwasserströme die Landschaft. Es entstanden die in Ost-West-Richtung verlaufenden Urstromtäler mit mächtigen Sandablagerungen und die in Nord-Süd-Richtung verlaufenden Schmelzwasserrinnen, wie zum Beispiel das Löcknitztal und die Grünheider-Kageler-Seenkette. Im Spreetal zwischen Fürstenwalde und Erkner finden sich noch heute markante Hinweise auf die Zeit, als Wassermengen von Oder und Spree gemeinsam im Berliner Urstromtal nach Westen flossen.

Müggelspree – Stadt, Land, Fluss

Das Leben in dieser Region – jwd – janz weit draußen – war immer geprägt von der nahen Großstadt. Im Jahre 1920 wurde beschlossen, dass die alte Stadt Köpenick, die noch älter als Berlin ist, als 16. Verwaltungsbezirk der Stadt Berlin angegliedert wird. Köpenick ist der landschaftlich schönste und auch der größte Stadtteil Berlins und dabei am dünnsten besiedelt. Und so geht es in so manch' einem der Berliner Vororte eher gemütlich und dörflich idyllisch zu. Hier präsentieren sich romantische Strände, die größten Binnensanddühnen Deutschlands sowie die größten Findlinge des Landes, aber auch Berge mit Skipisten, Rodelbahnen und Sümpfe, Kanäle, Radwege, Seen und Wälder für Naturliebhaber.

Dieser Landstrich hat so manches hervorgebracht, was weltbekannt wurde: In Erkner wurde der Kunststoff erfunden und die erste Filmtraumfabrik der Welt

Am Ufer des Müggelsees

Alte Fischerkate auf dem Kietz in Köpenick

entstand nicht in Hollywood, sondern in Woltersdorf. Die Region hat Erfinder, Künstler und Persönlichkeiten hervorgebracht und in die Welt geschickt und so manch anderer kam sah und blieb. Der »Randberliner« hat seine Wurzeln überall in Deutschland und der Welt. Alte und neue Heimat finden sich vereint in den Festen, Traditionen und deftig kombiniert in den Kochtöpfen der Region wieder – vielseitig und kreativ.

Die Spree – schon vor langer Zeit haben die Menschen, die hier leben, ihr einen Namen gegeben: die Müggelspree. »Müggel« ist hier in aller Munde, aber keiner kennt die genaue Bedeutung. Es streiten sich die Geister – möglich ist eine vorslawische Herkunft aus »migh«, »mighla« oder »miggelen« (niederländisch), was so viel wie Nebel, Wolke oder Staubregen bedeutet. Wahrscheinlich ist aber auch, dass die »Müggel« nach dem altdeutschen Wort »mikil« benannt wurde, was wiederum »groß oder mächtig« bedeutet.

In Fürstenwalde – einst prächtiger Bischofssitz – beginnt die Müggelspree, die Spree teilt sich hier. Die Schifffahrt nutzt den Oder-Spree-Kanal, der parallel

Der »Köpenicker Sommer« ist das traditionelle Volksfest in Köpenicks Altstadt. Der Höhepunkt ist der Festumzug mit dem Hauptmann von Köpenick.

zur alten Spree läuft. Die alte Spree ist seit der Eröffnung des Oder-Spree-Kanals (1891) den Paddlern vorbehalten. Stille, naturbelassene Landschaften, Eichenwälder, weite Wiesen wechseln sich ab. Die Vielfalt der Lebensräume bedingt eine reiche Tierwelt. Die Spree – in Berlin angekommen, bildet sie den Dämeritzsee und fließt durch die Berliner Ortslagen Hessenwinkel, Neu-Venedig, Siedlung Schönhorst und Rahnsdorf. In Rahnsdorf am Entenwall bildet die Müggelspree auf etwa 500 Metern den Kleinen Müggelsee, bevor sie in den Großen Müggelsee mündet, den sie auf seiner ganzen Länge von rund vier Kilometern durchfließt. Eine Dampferfahrt erweckt bisweilen den Eindruck, auf hoher See zu sein. Anschließend wird die Spree für weitere zwei Kilometer in Richtung Westen, vorbei an den Ortslagen Friedrichshagen und Hirschgarten, noch Müggelspree genannt, bevor sie ab dem Zusammenfluss mit der Dahme in Berlin-Köpenick wieder als Spree bezeichnet wird.

Malerisch ist die Altstadt von Köpenick mit ihren schmalen, kopfsteingepflasterten Gässchen. Der historische Kern, eng und verwinkelt. Hier liegt auch das Rathaus, in dem sich einst der Hauptmann von Köpenick sein Husarenstückchen leistete. Bei einem Bummel durch den Fischerkietz , der bereits 1355 zum ersten Mal urkundlich erwähnt wurde, mit den sehr hübschen, teilweise bis zu 200 Jahre alten Häusern, fühlt man sich in jene vergangenen Zeiten zurückversetzt als Köpenick noch Fischerort war.

Durch die Müggelspree-Region führt auch der mehr als 3000 Kilometer lange Europa Fernradwanderweg R1 quer durch Europa von der französische Kanalküste bis nach St. Petersburg. Die Müggelspree gehört zu den reizvollsten Abschnitten des R1 überhaupt. In kaum einer Region Deutschlands ist wechselvolle Geschichte, facettenreiche Kultur und faszinierende Natur auf so engen Raum untrennbar miteinander verbunden. Zwischen Köpenick und Fürstenwalde entlang der Spree gibt es eine Menge zu entdecken: ein Paradies für Naturfreunde und Kulturliebhaber – ganz nach meinem Lieblingsmotto:

Willst du immer weiter schweifen?
Sieh, das Gute liegt so nah.
Lerne nur das Glück ergreifen:
Denn das Glück ist immer da.

(Johann Wolfgang v. Goethe)

Marktplatz Friedrichshagen:
gekrönter Adler vor der Christophoruskirche

— Salate —

Badewannen Krautsalat – DDR Kantinen Standard

Aus meinen Lehrlingsaufzeichnungen im KWK, dem Kabelwerk Köpenick:

1 Weißkohlkopf (oder Rotkohlkopf)	in sehr feine Streifen schneiden. Von Hand mit
1 EL Salz	gut durchkneten. Mit
Pfeffer	würzen und
1 EL Öl	sowie
100 ml Essig	dazugeben, 2 bis 3 Stunden ziehen lassen, bei Bedarf nachwürzen.

Der Unterschied zu heutigen Krautsalaten ist, dass der Krautsalat so lange geknetet und gewirkt wurde, bis er weich und glasig war. Wichtig ist, dass der Krautsalat im eigenen Saft verbleibt. Nur so kann der Geschmack richtig durchdringen .

Erst AEG, dann KWO, jetzt Campus Wilhelminenhof der Berliner Hochschule für Technik und Wirtschaft: Hier sind Industrie, Kultur und Erinnerung nicht nur leere Schlagworte.

Unter Denkmalschutz: Zeichen einer großen Industriekultur in der Wilhelminhofstraße

Die Badewannen-Stöpsel-Story von 1985

Von Küchenmeister Torsten Kleinschmidt

In meiner Lehrzeit im Kabelwerk Köpenick in den 1980er Jahren waren täglich kistenweise Weiß- und Rotkohl zu Krautsalat zu verarbeiten. Wie überall waren Ideen gefragt, der Mangelwirtschaft entgegenzuwirken – Not macht erfinderisch und kreativ. So wurde eine Badewanne auf ein Stahlgerüst geschweißt und diente als Gefäß, in dem größere Mengen Krautsalat mit Hand durchgearbeitet werden konnten. Dafür waren wir Lehrlinge zuständig. Mir und den anderen Lehrlingen wurde am Anfang der Lehre (fast feierlich) ein Badewannenstöpsel übergeben – mit dem Hinweis, dass das jetzt eines der wichtigsten Utensilien für unsere künftige Arbeit sei.

Das Kraut wurde zunächst durch eine Küchenmaschine – die nur HKU (Hochleistungsküchenuniversalmaschine) genannt wurde – in feine Streifen geschnitten. Anschließend kam das Kraut in die Badewanne und wurde mit Salz kräftig abgerieben, bis es weich und glasig wurde. Das konnte schon mal eine halbe Stunde dauern. Dann wurde das Kraut mit Essig, Zucker und Pfeffer abgeschmeckt. Da der Krautsalat nur mit der eigenen Saft-Marinade so richtig gut schmeckt, war es wichtig, dass die Badewanne dicht war und der leckere Sud nicht herauslief.

Daher meine erste Erkenntnis während meiner Lehrzeit: Keinen Badewannenstöpsel dabei – kein (leckerer) Krautsalat – dafür Ärger vom Meister! So hütete jeder von uns seinen Badewannestöpsel wie seinen Augapfel. Meinen Stöpsel habe ich noch heute.

Spurensuche: Reste einer Fabrik

Die Spree in Oberschöneweide

Birnen, Bohnen und Speck – auf leichte Art

750 g Bohnen	waschen, in Stücke brechen und etwa 25 Minuten kochen
200 g mageren Schinken	fein würfeln, in einer Pfanne auslassen.
200 g Zwiebeln	schälen, fein würfeln, dazugeben, kurz dünsten. Nun die gekochten Bohnen dazugeben.
1 TL Bohnenkraut	hinzufügen.
500 g Birnen	Blütenansätze entfernen, Stiele dran lassen (die Früchte behalten so ihre unversehrte Haut). Die Birnen auf die Bohnen legen und alles zusammen garen. Mit
100 ml Apfelsaft	und
100 ml Apfelessig	ablöschen, mit
Salz, Pfeffer	abschmecken.

Dazu passt knuspriges Landbrot.

DDR Italiener Salat 1983

250 g Römerbraten	sowie
1 Apfel	
1 Zwiebel	und
5 Gewürzgurken	in feine Streifen schneiden.
200 g Mayonnaise	mit etwas Gurkenwasser und einem Spritzer
Zitronensaft	verrühren, alle vorbereiteten Zutaten vorsichtig unterheben.

Reichen Sie dazu Toastbrot.

Römerbraten ist hierzulande eine mittelgrobe Brühwurst, schön saftig. Er wird mit frischen Zwiebeln hergestellt, dann gebacken und erhält dadurch einen kräftigen Geschmack.

Transportmittel

Salate

Heringssalat nach Binnenschifferart

Marina Schiller, Fürstenwalde

2 Salzheringe (küchenfertig)	etwa 20 bis 30 Minuten wässern, dann würfeln.
5 Gewürzgurken	sowie
100 g Jagdwurst	
1 Ei (hart gekocht)	und
1 Zwiebel	fein würfeln, zu den Heringshappen geben.
3 EL Kapern	fein hacken, dazugeben.
2 EL Mayonnaise	in eine separate Schüssel geben.
2 mittelgroße, säuerliche Äpfel	schälen, reiben, unter die Mayonnaise rühren, zu den übrigen Zutaten geben und untermischen. Etwa 1 bis 2 Stunden kühl stellen und dann servieren.

Dazu frisches Brot oder gerösteten Toast reichen. Dieses Gericht lässt sich auch mit 200 g Matjesfilet zubereiten.

Kohle-Schubverband in Oberschöneweide

DDR Ampelmännchen – erfunden in Berlin. Das erste wurde 1969 in Ost-Berlin an der Kreuzung Unter den Linden/Friedrichstraße installiert. Gefertigt wurden die Ampeln anfangs in Berlin vom VEB Leuchtenbau.

Salate

Gebeizter Honig-Lachs

Ursprünglich ein skandinavisches Verfahren, den leicht verderblichen Lachs über die Fangsaison haltbar zu machen. Ich habe dieses Rezept bei meiner Tätigkeit auf der Insel Rügen kennen gelernt und wende es nicht nur für Lachs sondern auch für große Forellen und Zander an. In Russland habe ich für ein Deutsches Regional-Buffet auch gebeizten Lachs zubereitet. Dort gab man mir den Rat, den Lachs über die Hälfte der Zeit nicht im Kühlschrank, sondern an einer kühlen Stelle in der Küche (unter 20 °C) reifen zu lassen. Die Enzyme können so besser arbeiten – es wurde der zarteste und beste Lachs, den ich je gegessen habe.

1 kg Lachs	filetieren und die Spelzen (kleine Gräten) ziehen. Die Haut bleibt dran.
10 Pfefferkörner	sowie
2 Lorbeerblätter	
1 EL Senfkörner	
1 TL Orangenschale	
1 TL Zitronenschale	im Mörser zerstoßen und mit
200 g Salz	
100 g Zucker	
4 EL Honig	mischen. Ein ausreichend großes und tiefes Gefäß mit etwas von der Würzmischung bestreuen, den Lachs mit der Hautseite drauflegen und den Rest der Beize überstreuen. Reichlich
Dill	grob schneiden und darüber streuen. Abgedeckt 20 bis 24 Stunden ziehen lassen. Dann die Beize entfernen, den Lachs abwaschen und abtrocknen. Aufgeschnitten wird der Lachs vom Kopfende zum Schwanzende hin.

Gebeizter Lachs hat ein sehr feines Aroma, in der Regel deutlich besser als ein geräucherter Lachs. Sollte der Lachs zu lange auf der Beize gelegen haben, kann man ihn durch gründliches Wässern retten.

Flammenlachs – eine andere skandinavische Zubereitung, die auch hierzulande beliebt ist.

Salate

Heringshäckerle

Der Alt-Bundeskanzler Helmut Kohl gab 1994 in der Villa Salve an der Binzer Strandpromenade ein Essen zu Ehren seines Gastes Felipe González (Ministerpräsident Spaniens). Der Kanzler wünschte sich ein regionales Menü und entschied sich aus zahlreichen Vorschlägen, die ich als Küchenchef nach Bonn schickte, unter anderem für Heringshäckerle. Das Berliner Gericht – ein typisches Kneipengericht – kam so bei diesem Staatsempfang zu einer besonderen Ehre. Mit am Tisch saß auch die heutige Bundeskanzlerin Angela Merkel, deren Vorliebe für regionale, einfache – aber gute Küche ich das eine oder andere Mal als Koch kennen lernen durfte.

4 Salzheringe	gut wässern – dafür mindestens 2 Stunden in kaltem Wasser liegen lassen – und in feine Würfel schneiden.
2 Eier	hart kochen, pellen und in kleine Würfel schneiden.
2 Äpfel	schälen und würfeln.
1 Zwiebel	sowie
1 saure Gurke	würfeln. Alle Zutaten in einer Schüssel durchmischen.
2 EL Öl	zugeben, mit dem Saft
½ Zitrone	sowie
1 EL Kapern, Salz, Pfeffer	würzen.
½ Bund Dill	fein hacken und dazugeben.

Bereiten Sie das Häckerle ruhig am Vortag zu, dann kann es richtig durchziehen. Dazu passen Kartoffelpuffer (Rezept S. 48) und Senf-Honig-Dillsauce.

Das Villa Salve-Team zum Kanzlerbesuch 1994 in Binz auf der Insel Rügen

Für Zwischendurch

Zum Baden nach Friedrichshagen

Von Heinz Kleinschmidt, Schöneiche bei Berlin

Als kleiner Bengel, so um 1940, bin ich mit meiner Mutter von Schöneiche bei Berlin nach Friedrichshagen mit der Überland-Straßenbahn gefahren. Nach einer Stunde haben wir die schon damals prächtige Bölschestraße erreicht. Das Ziel unseres Ausflugs war die »Städtische Badewannen Anstalt«. Wie heute beim Friseurbesuch mussten wir zunächst im Warteberreich Platz nehmen. Als es dann soweit war, wurde zuerst ich von Muttern eingeseift und dann ist meine Mutter noch in die Wanne gesprungen. Danach sind wir dann sauber und schnieke wieder nach Schöneiche bei Berlin zurückgefahren.

Als vor 120 Jahren das erste städtische Bad in Tiergarten eröffnete, ging es nicht um Sport, schon gar nicht um Freizeitvergnügen, sondern in erster Linie um die Körperhygiene. Zuvor hatten Berliner Ärzte Reinigungsbäder und »künstliche« Bäder mit diversen Kräuter-, Schwefel- und Salzzusätzen angeboten. Doch als die Stadt rasant wuchs und die meisten Wohnungen noch keine Waschgelegenheiten besaßen, entschieden die Stadtväter unter Wilhelm II. öffentliche Bäder einzurichten. Ziel war es »Volkskrankheiten zu vermeiden« und die »allgemeine sittliche Hebung« zu fördern. Männer und Frauen badeten strikt getrennt. Erst sehr viel später kam die Idee auf, dass das Stadtbad auch der sportlichen Ertüchtigung dienen könnte. Die letzte Badewannen-Anstalt von Berlin hat erst vor wenigen Jahren geschlossen.

Friedrichshagen am Ufer des Müggelsees

Seit 100 Jahren verbindet die Schöneicher Straßenbahn den Berliner S-Bahnhof Friedrichshagen mit den Vorortgemeinden Schöneiche bei Berlin und Rüdersdorf.

Salate

Goethes Gurkensalat

*Der Geheimrat rühmte sich, einen Gurkensalat selbst erfunden zu haben.
Er bevorzugte als Salatzutat Fleischbrühe in Kombinationen mit Äpfeln.*

2 Zwiebeln	in feine Ringe schneiden und in
6 EL Olivenöl	dünsten. Mit
Salz, Pfeffer	würzen und mit etwas
Zitronensaft	beträufeln.
2 Äpfel	schälen, vierteln, entkernen, in Scheiben schneiden und zu den Zwiebeln geben.
2 große Gewürzgurken	in dünne Scheiben schneiden, dazugeben.
400 g Pellkartoffeln	noch heiß in Scheiben schneiden, unterheben.
125 ml fette Fleischbrühe	übergießen, zugedeckt ziehen lassen und mit
Salz, Pfeffer	abschmecken.

Kartoffelsalat aus Petershagen

Torsten Schöne, Petershagen

1 kg Kartoffeln	in der Schale kochen, noch warm pellen, in dünne Blättchen schneiden.
1 Zwiebel	fein würfeln, dazugeben. Mit
Salz, Pfeffer (weiß)	bestreuen.
3 EL Weinessig	mit
250 ml Fleischbrühe (heiß)	mischen, darüber geben.
3 EL Öl	überträufeln, alles vorsichtig durchmengen.
Petersilie	hacken und über den Salat streuen.

1778 besuchte der Dichter die preußische Residenzstadt Berlin.

Tomaten-Kartoffel-Salat

Torsten Schöne, Petershagen

400 g kleine Kartoffeln	mit Schale gründlich bürsten und halbieren, mit
2 EL Olivenöl	bestreichen und im Backofen etwa 30 Minuten bei 200 °C backen.
500 g kleine Tomaten	vierteln.
2 EL Olivenöl	mit
2 EL Apfelsaft	
2 EL Balsamico-Essig	
2 Knoblauchzehen (fein gewürfelt)	sowie
je ½ Bund Basilikum, Petersilie, Oregano (fein gehackt)	verrühren und mit
Salz, Pfeffer	abschmecken. Sie Salatsauce mit den Kartoffeln und Tomaten vorsichtig vermengen.
80 g Crème fraîche	über den Salat geben.

Die neugotische Christophoruskirche in Friedrichshagen wurde 1903 von der Kaiserin Auguste Victoria eingeweiht.

Wappentiere der Schlossinsel Köpenick

Salate

Weihnachtlicher Kartoffelsalat mit Apfel und Walnuss

500 g säuerliche Äpfel (z.B. Boskop)	schälen, entkernen und klein würfeln.
1 große Zwiebel	pellen, fein hacken.
2 Gewürzgurken	klein würfeln, alle Zutaten vermischen.
1 kg Kartoffeln (festkochend)	kochen, dann schälen, möglichst heiß schneiden und mit den anderen Zutaten vermengen.
250 ml Gemüsebrühe	mit
3 EL Essig	
3 EL Öl oder Gänsefett	sowie
Salz, Pfeffer, Zucker	erhitzen (nicht kochen!), über die vorbereiteten Zutaten geben, vorsichtig untermengen.
50 g Walnüsse	in einer Pfanne kurz anrösten.
Schnittlauch	in feine Röllchen schneiden.
Petersilie	fein hacken. Nüsse und Kräuter beim Anrichten über den Salat geben.

Verwenden Sie am besten die knackigen Gewürzgurken aus dem Spreewald. Dieser Salat kann warm serviert werden und passt gut zu Geflügel oder gebratenem Fisch.

Weihnachtsdekoration   *Kleinschmidt's Weihnachtsengel*

Für Zwischendurch

Salat Olivie – eine Silvestertradition

Der Olivie-Salat ist keine russische Erfindung, sondern wurde vom französischen Koch Lucien Olivier in den 1860er Jahren im zaristischen Russland kreiert, als dieser in Moskau ein französisches Spezialitätenrestaurant namens »Эрмитаж« (»Eremitage«) betrieb. Eine der bekanntesten Spezialitäten dieses Restaurants war ein Salat, dessen Sauce von Moskauer Feinschmeckern besonders geschätzt wurde. Das Rezept für die Zubereitung der Sauce war nur Olivier selbst bekannt und wurde von ihm streng geheim gehalten. Ende des 19. Jahrhunderts kopierte ein russischer Koch, der zuvor in Oliviers Restaurant gearbeitet hatte, das Salatrezept und nutzte das Knowhow in einem anderen Restaurant, wo nun ein ähnlicher Salat unter dem Namen »Столичный« (»Hauptstädter Salat«) angeboten wurde. Allerdings gelang es dem Koch nicht, das vollständige Rezept der Sauce auszuspionieren. Dieses blieb ein Geheimnis, das Lucien Olivier mit ins Grab genommen hat.

Der Salat, der in Russland später unter dem Namen seines »Erfinders« und in europäischen Ländern schlichtweg als »Russischer Salat« bekannt wurde, enthielt ursprünglich Fleisch wilder Haselhühner, Kalbszunge, schwarzen Kaviar, Blattsalat, gekochte Flusskrebse, kleine Cornichons, Kapern sowie fein zerkleinerte, hart gekochte Eier und die oben erwähnte berühmt gewordene Sauce, die von den Grundzutaten her der Mayonnaise ähnelte. Nach Oliviers Tod wurde das Originalrezept immer seltener verwendet und geriet nach und nach in Vergessenheit.

Der Name »Olivie-Salat« blieb jedoch im russischen Sprachgebrauch bestehen, nur hielt man sich bei seiner Zubereitung nicht mehr so sehr an das Originalrezept. Zu Sowjetzeiten verwandelte sich der als Olivie-Salat bezeichnete Salat von der vormals exklusiven Delikatesse zum »Festtagsessen des kleinen Mannes«. Heute existieren in Russland verschiedene gängige Zubereitungsvariationen des Salats, meistens enthält er jedoch die gleichen obligatorischen Zutaten.

Trotz der vergleichsweise einfachen Rezeptur galt der Olivie-Salat zu Sowjetzeiten im wesentlichen als Festtagsessen, da zu Zeiten der Mangelwirtschaft auch viele der alltäglichen Lebensmittel nur schwer zu bekommen waren. Vermutlich stammt auch daher die Tradition, den Salat zum reich gedeckten Neujahrstisch zu servieren, da Silvester in Russland traditionell besonders ausgiebig gefeiert wird, während das erst sieben Tage später stattfindende orthodoxe Weihnachtsfest

Torsten Kleinschmidt und Alexander Rostov
vor der Auferstehungskirche in St. Petersburg

Für Zwischendurch

eher im Schatten des Neujahrs steht. Das hierbei obligatorische Servieren des Olivie-Salats hat sich auch nach dem Ende der Sowjetunion fest als Tradition eingebürgert, auch wenn die Zutaten längst keine Rarität mehr darstellen. Bis heute gilt der Olivie-Salat in Russland als der beliebteste Salat unter den russischen Spezialitäten.

Russischer Salat Olivie

Alexander Rostov, Weißwasser

Dieser Salat kann als Vorspeise oder Beilage serviert werden.

5 mittelgroße Kartoffeln	sowie
4 kleine Möhren	waschen und in Wasser etwa 20 Minuten kochen.
4 Eier	9 Minuten kochen, abgießen, mit kaltem Wasser abschrecken und schälen.
1 kleiner Apfel	schälen, Kerngehäuse entfernen, dann alle Zutaten würfeln.
4 Zwiebeln	und
300 g Fleischwurst	
6 Salzgurken (keine Essiggurken)	ebenfalls in Würfel schneiden. Alle Zutaten mischen und mit
200 g Mayonnaise	verrühren.
5 EL Erbsen (gar, aus der Dose)	unterheben, einige Stunden im Kühlschrank ziehen lassen.

Menüabend mit dem russischen Chor »Ruslanka« aus Fürstenwalde auf der Burg Friedland

Suppen und Eintöpfe

Berliner Kartoffelsuppe

Gerda Elisabeth Villvock, Berlin Altglienicke

1 Bund Suppengrün	etwa 1½ Stunden in
2 l Wasser	kochen. Nach 30 Minuten etwas
Salz	dazugeben, dann abschäumen.
500 g Suppenfleisch	hinzufügen.
750 g Kartoffeln	schälen, würfeln, dazugeben. Anschließend das Fleisch entnehmen, abkühlen lassen und in Würfel schneiden. Falls die Suppe noch nicht sämig ist, mit dem Stampfer etwas zerdrücken. Das gewürfelte Fleisch wieder dazugeben. Mit
1 Prise Muskatnuss	sowie
1 TL Majoran	und
1 Prise Pfeffer (weiß)	würzen.
50 g geräucherter Speck	würfeln, in einer Pfanne auslassen.
2 Zwiebeln	würfeln, zum Speck geben, knusprig braten und anschließend mit
½ Bund Petersilie (fein gehackt)	über die Suppe geben.

Spreepanorama in Treptow

Die Stubenrauchbrücke verbindet die beiderseits der Spree gelegenen Ortsteile Oberschöneweide und Niederschöneweide in Berlin Köpenick.

Suppen und Eintöpfe

Fischsuppe von Aal bis Zander

1 große Zwiebel	sowie
je 100 g Lauch, Möhren, Sellerie, Paprikaschote	in Streifen schneiden. Dann in
40 ml Öl	hell andünsten.
1 EL Tomatenmark	und
1 EL Paprikapulver	zugeben. Mit
1 l Fischfond	ablöschen.
250 ml Weißwein	dazugeben.
100 g Tomaten	würfeln, zugeben.
400 g Zanderfilet	in Streifen schneiden, in den Gemüsesud geben und gar ziehen lassen.
200 g Räucheraal-Filet	würfeln.
Schnittlauch (frisch)	in Röllchen schneiden, mit dem Aal und
4 EL Schmand	beim Anrichten auf die Suppe geben.

Diese Suppe läst sich auch mit Räucherforellenfilet und anderen Fischfilets zum Beispiel mit Karpfen oder Hecht zubereiten.

Im Fischerkietz

Abendstimmung an der Spree

Suppen und Eintöpfe

Flusskrebs-Curry-Cremesuppe
(für 10 Personen)

Der Gemüsefond

Je 100 g Möhren, Sellerie	würfeln
150 g Zwiebeln	pellen, würfeln. Die Zutaten in reichlich Wasser und etwas
Salz	sowie
2 Lorbeerblätter	
5 Pimentkörner	
4 Pfefferkörner	zu einen Gemüsefond kochen. Anschließend durch ein Sieb passieren.

Der Flusskrebsfond

1 kg Flusskrebse	in dem vorbereiteten Gemüsefond etwa 3 Minuten pochieren. Anschließend abschrecken und ausbrechen, den Fond zur Seite stellen.

Am Dorfanger in Alt Müggelheim

»Mäh-Maschine« im Regionalpark Müggelspree

Suppen und Eintöpfe

Je 50 g Möhren, Sellerie	grob würfeln.
100 g Zwiebeln	pellen, ebenfalls grob würfeln. Das Gemüse mit den Flusskrebskarkassen in etwas
Sesamöl	kurz rösten.
50 g Tomatenmark	dazugeben, mit dem Gemüsefond auffüllen, leicht köchelnd auf die Hälfte reduzieren und abseihen.

Die Fertigstellung

1 EL Curry	in
1 EL Sesamöl	kurz anschwenken, mit dem Flusskrebsfond auffüllen. Anschließend mit
500 ml Sahne	
200 g Crème fraîche	und
5 cl Cognac	aufmixen. Beim Anrichten die Krebsschwänze in die Suppe geben.

Marina am Müggelsee

Das St. Hedwig-Krankenhaus Berlin Grünau ist auch Akademisches Lehrkrankenhaus der Charité.

Für Zwischendurch

Woltersdorfer »Gashäuschen« – ein Geheimtipp

Mitten im Ort Woltersdorf befand sich seit der Nachkriegszeit bis etwa 1990 eine Gasverdichterstation für Stadtgas. Durch die Umstellung auf Erdgas wurde dieses Gebäude nicht mehr genutzt. Familie Hemmerling baute dies zur Gaststube »Gashäuschen« um – eine Gaststube, die neben klassischen Imbissangeboten vor allem Märkische Hausmannskost anbietet. Für mich eine Entdeckung der besonderen Art – herzliche Atmosphäre, individuelles und schmackhaftes Angebot. Früher war der Dorfkrug eine Kulturstätte, wo man sich traf und über die Dinge des Lebens sprach. In Woltersdorf hat das Gashäuschen diese Rolle übernommen. In den letzten 20 Jahren entwickelte sich das Gashäuschen zu einem Knotenpunkt im Woltersdorfer Leben. Ob Kontaktbörse, Neuigkeiten-Quelle, Arbeitsvermittlung, Ballermann oder einfach nur Schnellrestaurant, fast alle Bedürfnisse können im Gashaus befriedigt werden. Gastgeber zu sein, bedeutet nicht nur gutes Essen zu servieren, sondern darüber hinaus auch für die Menschen da zu sein.

Das Gashäuschen in Woltersdorf, dahinter die Evangelische St. Michael-Kirche

Einladung zur Einkehr

Suppen und Eintöpfe

Gashäuschen Soljanka (für 10 Personen)

Magdalena Hemmerling, Woltersdorf

4 große Zwiebeln	sowie
200 g Salami	fein würfeln. In einem großen Topf
200 g Margarine	erhitzen, Zwiebel- und Salamiwürfel dazu und so lange schmoren, bis die Zwiebeln glasig sind.
500 g Jagdwurst	würfeln, dazugeben, weiter schmoren lassen.
3 geh. EL Mehl	dazugeben und so lange rühren, bis das Mehl gut durchgeschmort ist. Jetzt den Topf vom Herd nehmen.
350 g Gewürzgurken	in kleine Würfel schneiden, mit
800 g Letscho (3 Gläser)	
320 ml Werder Tomatenketchup	sowie
500 ml Wasser	dazugeben und gut durchrühren. Den Topf wieder auf den Herd stellen und unter Rühren kochen lassen.
300 g Hackfleisch	mit
1 Ei	sowie
Salz, Pfeffer	vermengen, kleine Bällchen formen, zur Soljanka geben und durchziehen lassen.

Falls die Soljanka zu dick ist, mit Wasser oder Sahne verdünnen. Mit frischem Weißbrot servieren.

Die Woltersdorfer Straßenbahn verbindet den S-Bahnhof Rahnsdorf mit Woltersdorf Schleuse.

»Ein Buch ist wie eine Rose, beim Betrachten der Blätter öffnet sich dem Leser das Herz ...«
Persisches Sprichwort

Suppen und Eintöpfe

Kalte Gurken-Dill-Suppe

2 grüne Gurken	schälen, in Stücke schneiden, im Mixer mit
200 ml Sahne	und
100 g Schmand	pürieren.
2 EL Spreewälder Leinöl	dazugeben.
1 Knoblauchzehe	fein würfeln, dazugeben. Nun mit einem Spritzer
Balsamico Essig	und mit
Salz, Pfeffer, Zucker	abschmecken.
½ Bund Dill	fein hacken, überstreuen.

Diese erfrischende Suppe an heißen Tagen, kann nach Geschmack noch verfeinert werden, zum Beispiel mit Räucherlachsstreifen und knusprigen Croûtons.

Erntezeit in der Müggelspreeregion

Suppen und Eintöpfe

Märkische Spargelsamtsuppe

400 g Spargel	schälen, in etwa 3 cm lange Stücke schneiden und in
5 l Wasser	geben. Den Saft von
½ Zitrone	sowie
Salz, Zucker	und
10 g Butterflocken	zugeben, den Spargel bissfest kochen. Dann herausnehmen und zur Seite stellen, das Spargelwasser abkühlen lassen. Nun eine Mehlschwitze zubereiten, dafür
40 g Butter	schmelzen.
40 g Mehl	unter Rühren hinzufügen. Mit dem abgekühlten Spargelwasser nach und nach auffüllen, erst mit einem Kochlöffel, dann mit einem Schneebesen glatt rühren. Mit
Pfeffer, Salz	würzen und 30 Minuten köcheln lassen. Die Spargelstückchen hinzugeben, mit
Muskat	abschmecken. Für die Liaison
1 Eigelb	mit
125 ml Sahne oder Kondensmilch	verrühren. Einen kleinen Teil der fertigen Suppe in die Liaison einrühren – so gleicht sich die Temperatur der Liaison an die Suppe an, dann den Rest der Suppe hineinrühren. Die Suppe darf jetzt nicht mehr kochen, sofort mit
Schnittlauchröllchen	bestreuen und servieren.

Eine Liaison verleiht der Suppe ein samtig weiches Gefüge. Wichtig bei der Vorbereitung ist das sorgfältige Trennen der Eier. Die Suppe muss so heiß wie möglich sein, darf aber nicht mehr kochen. Um eine Liaison zu machen verwende ich Kondensmilch – üblich ist Sahne – das ist nicht nur fettärmer, sondern bringt auch einen leichten Karamellgeschmack.

Freizeitvergnügen in Grünheide

Suppen und Eintöpfe

Mediterrane Fischsuppe

Kerstin Töppe, Rahnsdorf

2 rote Zwiebeln	würfeln.
6 Knoblauchzehen	hacken, beides in
4 EL Olivenöl	andünsten.
Je 1 grüne, rote Paprikaschote	sowie
2 Möhren	würfeln, dazugeben, kurz anbraten.
3 EL Tomatenmark	hinzufügen.
125 ml Weißwein	dazugeben, mit
Salz, Pfeffer, Safran	und
Harissa (oder ersatzweise Chilipulver)	abschmecken.
800 g Fischfilet	in 2 cm große Würfel schneiden, zum Gemüse geben, mit kaltem Wasser bedecken, aufkochen, dann 15 Minuten köcheln lassen.
120 g gemahlene Mandeln	in einer Pfanne ohne Fett anrösten, dann abkühlen lassen.
1 – 2 Scheiben Weißbrot	zerkrümeln, mit den Mandeln in die Suppe geben und nochmals 3 Minuten köcheln lassen.

Es eignen sich Seelachs, Kabeljau oder Rotbarsch. Je mehr Weißbrot Sie verwenden, desto dicker wird die Suppe.

Kanal in Neu Venedig

Müggelspree in Rahnsdorf

Suppen und Eintöpfe

Spargel-Dill-Suppe

Gisela Scharf, Rüdersdorf

Dieses Rezept stammt nicht aus Brandenburg – ich bin 1966 nach Rüdersdorf gekommen, habe dieses Rezept aus Sachsen-Anhalt mitgebracht und koche es auch heute noch mit Leidenschaft.

600 g Rindfleisch	kochen, klein schneiden, zur Seite stellen.
700 g Spargel	schälen, in Stücke schneiden, in die Rinderbrühe geben und gar kochen. Dabei etwas
Dill	mitkochen.

Die Klößchen können auch mit Grieß zubereitet werden.

Die Schwemmklöße

125 ml Milch oder Wasser	mit
50 g Butter	kurz aufkochen.
30 g Mehl	mit einem Kochlöffel einrühren, bis sich ein kompakter Klumpen gebildet hat.
1 Ei	gut unter die Masse arbeiten. Mit
je 1 Prise Salz, Muskat	würzen. Kleine Klöße abstechen und in die Brühe mit dem Spargel geben. Das geschnittene Fleisch wieder zugeben und nochmals etwa 5 Minuten köcheln lassen. Vor dem Anrichten reichlich
Dill (frisch, gehackt)	überstreuen.

Blick auf das große Freilicht-Industriemuseum im Museumspark Rüdersdorf

Bergbautradition in Rüdersdorf

Suppen und Eintöpfe

Omas Kartoffelsuppe

Torsten Schöne, Petershagen

1 kg Kartoffeln	und
1 Bund Suppengrün	schälen, würfeln. Beides in ausreichend Wasser erhitzen, dann
1 EL Majoran	
5 Pimentkörner	sowie
2 Lorbeerblätter	zufügen. Die Kartoffeln weich kochen und stampfen.
1 kleine Zwiebel	würfeln, mit
200 g Speckwürfel (mager)	anbraten. Dann zur Suppe geben, aufkochen, mit
Salz, Pfeffer	abschmecken.
1 Bund Petersilie	fein hacken, überstreuen.

Einer der kleinen Läden in der Friedrichshagener Bölchestraße

Blumenfreude im heimischen Garten

Suppen und Eintöpfe

Wintereintopf mit Perlgraupen

Brigitte Kleinschmidt, Schöneiche bei Berlin

500 g Suppenfleisch von der Hesse	etwa 2 bis 3 Stunden weich kochen. Dann das Fleisch aus der Brühe nehmen, würfeln und zur Seite stellen.
1 Bund Suppengrün	sowie
250 g Kartoffeln	putzen beziehungsweise schälen, in Würfel schneiden und in der Fleischbrühe garen. Nun die Fleischwürfel wieder dazugeben.
150 g Perlgraupen (mittel)	etwa 20 bis 25 Minuten in Wasser separat kochen. Anschließend durchseihen und zum Eintopf geben. Den Eintopf mit etwas
Salz	abschmecken.

Suppenfleisch von der Hesse ist Rindfleisch aus dem Unterschenkel.

Winterruhe in Schöneiche bei Berlin

In einem Wettbewerb des Deutschen Sprachrates und des Goethe-Instituts wurde »Libelle« 2004 zum »schönsten Wort der Kinder« gewählt.

Für Zwischendurch

Markgrafensteine bei Rauen

Von Gerd Tschechne, Wolziger Ortschronist

Die zwei größten Findlinge Europas – die Markgrafensteine – liegen auf den Rauener Bergen in 150 Meter Höhe. Sogar Goethe interessierte sich für diese Steine. Er machte sich Gedanken über ihre Herkunft, denn es mutet eigenartig an, auf einem Berg zwei große Steine zu finden, die überhaupt nichts mit dem sandigen Material des Berges zu tun haben. Goethe versuchte in seiner Arbeit »Umliegende Granite. Kälte.«, die er 1816 schrieb, die Herkunft der Steine so zu deuten: *»Mir mache man aber nicht weis, daß die in den Oderbrüchen liegenden Gesteine, daß der Markgrafenstein bei Fürstenwalde weit hergekommen sei; an Ort und Stelle sind sie liegengeblieben, als Reste großer in sich selbst zerfallener Felsmassen.«* Und wie sie dort hingekommen sind, versuchte Goethe so zu beantworten: *»... bringen uns die Granitblöcke auf dem Eise von Norden her.«* Mit dieser Deutung ist er Anhänger der triftenden Eisschollentheorie, die dann 1875 vom schwedischen Geologen Torell durch die entdeckten Gletscherschliffe auf dem Rüdersdorfer Muschelkalk widerlegt wurde. Torell begründete damit die Inlandeistheorie. Demnach sind die Steine durch die enorme Kraft des Gletschereises zu uns gelangt.

Auch Theodor Fontane besuchte die Steine – war wohl aber eher etwas enttäuscht: *»Das sollte nun einer der berühmten Markgrafensteine sein, eines der sieben märkischen Weltwunder! Ich hatte mir diese Steine halb memonssäulenartig oder doch wenigstens als ein paar von der Natur gebildeten Riesenobelisken gedacht und sah nun etwas Zusammengekauertes daliegen, das genau den Eindruck eines toten Elefanten auf mich machte.«*

Ursprünglich gab es drei Steine, von denen einer ganz verschwunden ist. Er lag zwei Kilometer südlich von den noch erhaltenen »großen« Steinen. Er wurde zu Säulen verarbeitet, diese stehen heute in Potsdam und Berlin. Von den beiden Rauener Steinen ist der größte 1827 in drei Teile gespalten worden. Das mittlere Stück – ganze 80 Tonnen schwer – wurde auf Veranlassung des Baumeisters Cantian zu einer großen Schale vor dem Alten Museum in Berlin verarbeitet. Sie hat einen Durchmesser von 6,90 Meter und fasst 44 Personen. Aus dem kleineren Teil wurden Tisch und Bänke gefertigt, die an der »Schönen Aussicht« auf den Rauener Bergen aufgestellt wurden. Der kleinere Rauener Stein ist unverändert erhalten geblieben.

Die Große Granitschale vor dem Alten Museum im Berliner Lustgarten wird auch als Biedermeierweltwunder bezeichnet. Es ist seitdem weltweit die größte je aus einem einzelnen Stein gefertigte Schale.

Für Zwischendurch

Auch eine Sage gibt es dazu: Am ersten Pfingsttage war es an vielen Orten der Mark und auch in Kauen Brauch, dass den Kühen derjenigen Magd, welche ihr Vieh am Morgen zuletzt auf die Weide getrieben hat, ein bunter Kranz umgehängt wurde. Und man sagte dann schlechthin, sie habe die »bunte Kuh« bekommen, was gewöhnlich für eine große Schande gehalten wurde. So hatte denn auch einmal die Tochter eines Müllers aus Rauen die Zeit verschlafen und als sie ihre Kühe hinaustrieb, waren die der anderen schon längst draußen. Das ging ihr so zu Herzen, dass sie anfing, bitterlich zu weinen und sich »verwünschte«, dass ihr solches geschehen sei. Nun hatte aber der Teufel schon von alter Zeit her in dem Markgrafenstein sein Schloss und stand gerade, als das Mädchen ihre Verwünschungen ausstieß, oben auf demselben. Da flog er schnell hinab, packte sie und führte sie mit sich in den Stein, wo sie bis zum jüngsten Tage sitzen sollte, und wo man ihr kläglisches Gewinsel oft genug gehört hat. Ihr Bräutigam, der ein junger Müllerbursche war, hat sie zwar, als er ihr trauriges Los erfuhr, zu retten versucht und den Stein mit gewaltigen Hammerschlägen sprengen wollen; es ist jedoch nicht gelungen. Rings um den Stein sah man aber noch lange nachher die tiefen Löcher, die er mit seinem Hammer hineingeschlagen.

Andere behaupten, die Müllerstochter kann erlöst werden, wenn man siebenmal, ohne Luft zu holen, um den Stein läuft.

Kleiner Markgrafenstein

Der Rest des Großen Markgrafensteins

Gemüsegerichte und Beilagen

Buntes Letscho

1½ kg Paprikaschoten (bunt)	sowie
600 g Tomaten	klein würfeln.
5 Knoblauchzehen	fein hacken. Alle Zutaten mit
1 Rosmarinzweig	
Salz	
2 EL Paprikapulver (edelsüß)	in einen Topf geben.
5 EL Olivenöl	darüber geben und 15 bis 20 Minuten dünsten. Mit
Salz, Pfeffer	abschmecken. Für eine bessere Bindung
1 Kartoffel	fein reiben und dazugeben.

Eine ideale Beilage zu Grillkoteletts.

Zum größten Pippi-Langstrumpf-Treffen der Welt kamen 2005 fast 1000 Pippilottas nach Fürstenwalde.

Brunnen vor dem alten Rathaus Fürstenwalde

Für Zwischendurch

»Rotkäppchensteak«

Von Stephan Spohn, Fürstenwalde

Ich selber habe lange in Berlin gekocht und bin seit 2008 als Küchenleiter in den Samariteranstalten Fürstenwalde tätig. Hier gibt es traditionell ein für mich etwas eigenartiges Gericht – es heißt »Rotkäppchensteak«. Es handelt sich um Nackensteak – erst mariniert, dann gebraten und dazu eine Tomaten-Paprikasauce. Wir verwenden oft Letscho für die Sauce. Das Steak wird untersoßiert (das Fleisch kommt auf die Sauce) und darauf kommt ein pochiertes Ei. Ich wollte dieses merkwürdige Gericht erst gar nicht auf dem Speiseplan belassen, aber ich habe es probiert und musste feststellen: es schmeckt wirklich interessant. Als Sättigungsbeilage reichen wir Reis oder Kartoffelpüree. Woher das Rezept für »Rotkäppchensteak« stammt, weiß hier niemand so genau, es wird jedoch schon über Jahre hier gekocht und ist bei unseren Bewohnern überaus beliebt.

Wochenmarkt in Fürstenwalde

Gedenkstein von 1583 für die beiden Kinder des Pfarrers Nößler im Fürstenwalder Dom St. Marien

Gemüsegerichte und Beilagen

Dampfnudeln

Wilma Otto, Erkner

Ein Rezept, mitgebracht aus der Pfalz. Dampfnudeln oder Dampfnudle – das hat bei weitem nichts mit Nudeln zu tun, sondern eher mit Hefeklößen.

Hefeteig (Rezept S. 174)	zubereiten und zu Hefeklößen formen, aufgehen lassen. In einem festschließenden, schweren Topf
300 ml Milch oder Wasser	mit
1 Prise Salz	und
30 g Butter	aufkochen. Die Klöße dicht zusammen hineinsetzen und den Deckel fest schließen. Wenn die Dampfnudeln gar sind, hört man sie »kracheln«. Erst dann den Deckel aufheben und nicht mehr schließen, sonst fallen sie zusammen.

Dazu reicht man Linsensuppe.

Der letzte Maulbeerbaum in Erkner

*Die Genezareth-Kirche in Erkner – kleine Besonderheit:
Preußische Kirchenuhren zeigten am Zifferblatt zum Beispiel IIII statt IV.*

Gemüsegerichte und Beilagen

Ehestands-Gericht

Marina Schiller, Fürstenwalde

Meine Oma hat mir als Kind gern das Ehestands-Gericht gekocht. Es wird mit Fliedermus (Holundermus) zubereitet und schmeckt etwas süß-säuerlich. Sie hatte dieses Mus selbst hergestellt. Ich selber safte jährlich Holunder, um daraus Gelee herzustellen.

2 Möhren	sowie
4 Kartoffeln	
1 Zwiebel	in kleine Würfel schneiden. In
1½ l Wasser	mit
Salz	
4 Pimentkörner	und
1 Lorbeerblatt	garen.
50 g Speckwürfel	in einer Pfanne auslassen.
1 Zwiebel	in kleine Würfel schneiden, hinzufügen und leicht anschwitzen.
50 g Mehl	hinzufügen, einrühren und mit etwas Wasser ablöschen. Die Masse als Bindung zu den Möhren und Kartoffeln geben.
1 TL Fliedermus (Rezept S. 140)	hinzufügen und mit
Salz, Pfeffer	sowie etwas
Zucker	abschmecken.

Historische Brauerei an der Müggelspree in Friedrichshagen

Sakramentshaus im Fürstenwalder Dom St. Marien

Gemüsegerichte und Beilagen

Kartoffelpuffer

500 g Kartoffeln	schälen und fein reiben.
1 Zwiebel	fein würfeln, dazugeben.
1 EL Mehl	sowie
1 Ei	
1 TL Salz, 1 Prise Pfeffer	dazugeben, alles gut vermischen. In
Öl	portionsweise knusprig braten.

Das Bratkartoffelverhältnis ...

... ist ein umgangssprachlicher Ausdruck für eine »lose« Liebesbeziehung. Der Begriff entstand vermutlich nach dem Ersten Weltkrieg für aus der Not geborene Zweckbeziehungen, bei denen es einigen Männern vor allem um die regelmäßigen warmen Mahlzeiten und den Frauen um Hilfe für Hof und Acker ging. Besonders populär wurde der Begriff nach dem Zweiten Weltkrieg für Beziehungen zwischen heimkehrenden Soldaten und Witwen, die dann in »wilder Ehe« lebten, um den Verlust der Witwenrente zu vermeiden. Heute wird der Begriff nur noch scherzhaft für nicht sehr ernsthafte oder sporadische Liebschaften verwendet.

Anlegestelle Rübezahl am Großen Müggelsee

Von Müggelheim in die Welt – Johann Jacob Baeyer, Begründer der Internationalen Erdmessung

Gemüsegerichte und Beilagen

Bohnengemüse nach Frau Lazanyi

Dr. Uta Fritz, Grünheide

Dieses Rezept gab mir 1974 die Mutter unseres ungarischen Freundes.

1 kg grüne Bohnen	schnipseln und in
500 ml Salzwasser	mit
2 Knoblauchzehen (geschnitten)	garen. In der Zwischenzeit
3 EL Öl	erhitzen und
3 EL Mehl	darin hellbraun anschwitzen.
1 Zwiebel (fein gewürfelt)	dazugeben, etwa ½ Minute rühren.
2 EL Petersilie (fein gehackt)	dazugeben und mit
200 ml Wasser oder kalte Milch	glatt rühren. Anschließend alles in den Bohnentopf gießen.
1 TL Zucker	sowie
2 Tropfen Essig	hinzufügen, alles gut verrühren und 2 Minuten kochen lassen.
200 ml saure Sahne	dazugeben, noch einmal aufkochen lassen und fertig.

Eine schmackhafte, sättigende und meist sehr preiswerte Mahlzeit.

Am Wege in Hangelsberg

Lehm und Stroh – Erbspüree und Sauerkraut

Der Lehm

500 g gelbe Erbsen (geschält)	über Nacht einweichen. Am nächsten Tag im Einweichwasser ansetzen, eventuell noch Wasser hinzufügen und etwa 1 Stunde kochen. Nach 20 Minuten
1 große Kartoffel (geschält, gewürfelt)	dazugeben. Dann alles durch eine Kartoffelpresse geben oder im Mixer pürieren, mit wenig
Salz, Pfeffer	abschmecken.
75 g Bauchspeck	auslassen.
1 große Zwiebel	fein würfeln, im Speck leicht bräunen lassen und diese Mischung über das Erbspüree geben.

Das Stroh

1 Zwiebel	in Scheiben schneiden und in
80 g Schweineschmalz	glasig werden lassen.
600 g Weinsauerkraut	dazugeben und mit
100 ml Weißwein	auffüllen, zum Kochen bringen.
½ TL Kümmel	sowie
5 Wacholderbeeren	und
1 Lorbeerblatt	hinzufügen und etwa 25 Minuten köcheln lassen. Verdampfte Flüssigkeit durch
Eisbeinbrühe (Rezept S. 85)	ersetzen.
5 große Kartoffeln	gerieben unter das Sauerkraut rühren, um die verbliebene Flüssigkeit zu binden. Noch 5 Minuten kochen lassen, fertig.

Und so wird das deftige Eisbeinessen angerichtet: Nehmen Sie die größten Teller, die Sie haben. Darauf einen Löffel Sauerkraut geben, daneben etwas Erbspüree. Auf das Erbspüree werden feine, gebratene Speck- und Zwiebelwürfel gegeben. Eine Kartoffel wird mit der Gabel zerdrückt. Darauf legt man das Eisbein (Rezept S. 85) und schöpft etwas Brühe darüber. Über das Fleisch wird noch reichlich frischer Meerrettich gerieben. Dazu serviert man Mostrich (Senf), ein Korn und Bier.

— Gemüsegerichte und Beilagen —

Quetschkartoffeln mit Buttermilch

600 g Kartoffeln (mehlig kochend)	schälen und in
Salzwasser	garen.
1½ EL Butter	sowie
100 ml Buttermilch	
100 ml Sahne	dazugeben und mit einem Kartoffelstampfer grob zerstampfen. Mit
Salz, Muskat	abschmecken.

Man kann noch angeschwenkte Schinkenspeck- und Zwiebelwürfel sowie frische Kräuter unter den Stampf geben.

Kinder auf dem Schlossplatz in der Köpenicker Altstadt

Sonnenblumenfeld

Gemüsegerichte und Beilagen

Kartoffel-Kohlröllchen

Die Vorbereitung

20 Blatt Weißkohl	etwa 2 bis 3 Minuten blanchieren.

Die Füllung

8 Kartoffeln	fein würfeln und 15 Minuten kochen.
200 g magerer Schinkenspeck (geräuchert)	würfeln, auslassen, die Kartoffelwürfel dazugeben.
200 g Semmelbrösel	sowie
Petersilie, Beifuß	
Salz, Pfeffer	
Butter (nach Geschmack)	und
250 ml Sahne	zugeben, vermischen.

Die Zubereitung

Die Kohlblätter mit der Masse füllen und dicht nebeneinander in eine gefettete Auflaufform legen, mit

Butterflöckchen	belegen und mit
250 ml Sahne	begießen. Etwa 30 Minuten bei 200 °C im Ofen backen.

Gänseblümchen als Farbtupfer auf der Terrasse

Für Zwischendurch

Musik-Eier

Das perfekte Frühstücksei – in vielen Familien eine Aufgabe mit Konfliktpotenzial – weich oder hart gekocht, eher große oder kleine Eier – es ist ein Lotterie-Spiel. Dabei ist es ganz einfach – alles was Sie zusätzlich benötigen ist ein Radio.

Mitte der 1980er Jahre war ich als Jungkoch im Berliner Palasthotel auch für die Frühstückseier zuständig. Eine Kollegin hat mir dabei ihr Geheimnis für »1A wachsweiche Eier« verraten. Sie kochte »Musik-Eier«: In der Küche spielte ausnahmslos das Radio – verbotenerweise Rias Berlin – der Kultsender in Ost und West. Ein Titel dauert(e) etwa vier bis fünf Minuten – genau das richtige Timing für perfekte Eier.

Nicht einmal als Honecker und Gorbatschow im Restaurant saßen und wir doppelt so viele Mitarbeiter waren, störte sich jemand an unserer Radiovorliebe. Nur manchmal brachte uns das »Rias-Hören« doch Ärger ein. Einige – eigentlich die meisten Auszubildenden – waren Söhne oder Töchter von Funktionären oder Betriebsdirektoren. Einige von ihnen »rächten« sich mit einer »Anzeige« bei Papa, wenn sie ihrer Meinung nach zu oft Abspülen mussten. Dann erklärte unser Küchenchef, dass er ermahnt worden sei, wegen des »West-Radiosenders« in der Küche ... und es lief alles so weiter wie gehabt.

Eines Tages hatten wir auch Loriot und Evelyn Hamann zu Gast im Restaurant. Ich kochte die Eier wie immer mit Musik und war gespannt, ob sie auch den Loriot-Test bestehen würden. An diesen Tag bediente ich die Frühstücksgäste am Buffet und begrüßte mein Lieblings-Komikerpaar mit den Worten: »Ein Frühstücksei – 4,5 Minuten – so wie immer«. Ich bekam von beiden ein freundliches Nicken. Das Ei war perfekt – es war ein Musik-Ei.

Die beliebten Sonja Huhn-Eierbecher aus Wolkenstein in Sachsen sind eine der wenigen Dinge der DDR-Alltagskultur, die heute noch produziert werden.

Gemüsegerichte und Beilagen

Nudeln machen glücklich

500 g Mehl	auf die Arbeitsplatte sieben, eine Kuhle hineindrücken.
2 Eier	sowie
8 Eigelb	
1 TL Salz	und
2 EL Olivenöl	hineinfüllen, mit einer Gabel vermengen. Zu einem elastischen Teig kneten, den Teig dann 1 Stunde ruhen lassen. Anschließend dünn ausrollen, die Teigplatten mit etwas
Mehl	bestreuen und beliebig breit zerschneiden. Die Nudeln mindestens 10 Minuten in reichlich
Salzwasser	kochen.

*Die frischen Nudeln können auch gut vorbereitet werden.
Sie halten sich bei kühler Lagerung etwa eine Woche.*

Rumfordofen im Museumspark Rüdersdorf

Im Museumspark Rüdersdorf

Gemüsegerichte und Beilagen

Omas Ofen-Pommes *(für 2 Personen)*

12 große Kartoffeln (mehlig kochend)	schälen, waschen und in lange Stäbchen (etwa 1 cm dick) schneiden. Kartoffelstäbchen in eine Schale mit kaltem Wasser legen, damit sie keine braunen Stellen bekommen. Die Kartoffelstäbchen aus dem Wasser nehmen und mit Küchentüchern trocken tupfen, mit
8 TL Olivenöl	vermischen und nebeneinander auf ein Backblech legen. Im vorgeheizten Backofen bei 225 °C etwa 30 Minuten backen, bis sie goldgelb schimmern. Die Pommes mit wenig
Salz	bestreuen, fertig.

Ich empfehle die Kartoffelsorte »Adretta«.
Adretta – die wohlschmeckende, mehlige Kartoffellegende hat Geschichte geschrieben als Retterin aus einer Notlage bei der DDR-Kartoffelversorgung in den 1970er Jahren. Vieles, was man neuen Sorten inzwischen weggezüchtet hat, kann Adretta noch vorweisen. Ihr größter Vorteil: Sie schmeckt hervorragend!

Alter Eisschrank im Heimatmuseum Mönchswinkel

Der Haus- und Hofkater gönnt sich eine Auszeit.

Zucchini – gedünstet

Marco Ostwald, Fürstenwalde

100 g Schinkenspeck	würfeln, in der Pfanne anbraten.
1 große Zucchini	sowie
1 Gurke	
5 Tomaten	
1 große Zwiebel	würfeln, zum Speck geben, schmoren lassen. Mit
Salz, Pfeffer, Zucker	und
Essig	abschmecken.

Alte Küchenutensilien

Die Tram 88 fährt 14 Kilometer durch Wald und Wiese von Friedrichshagen nach Rüdersdorf.

Für Zwischendurch

Generation »Ottokar« – Erinnerung an Otto Häuser

Der brave Schüler Ottokar – eine Satire des DDR Schulalltags. Ottokar und sein geistiger Vater, Otto Häuser, haben mich durch meine Jugend begleitet. Er wohnte in Schöneiche, seine Frau war Lehrerin in unserem Ort. Fast jährlich kam ein neues Ottokar Buch von Otto Häuser heraus, welches wir mit Spannung erwarteten.

Viele Jahre später ergab sich für mich ein Wiedersehen mit Ottokar. Ich hatte das große Glück, gemeinsam mit Otto Häuser zwei Buchlesungen zu geben. Bei unserem gemeinsamen Vorbereitungsgespräch erzählte er mir wie alles begann: »Oft saßen wir hier mit dem Lehrerkollektiv, den Kollegen meiner Frau, im Wohnzimmer zusammen und es wurde diskutiert über Sinn und Unsinn des realsozialistischen Schulalltags. Ich habe zugehört und so ist so manche Geschichte entstanden«, erklärte er mir mit einem schelmischen Lächeln.

Otto Häuser ist 2008 im Alter von 90 Jahren verstorben. Auf Initiative seiner Freunde und Fans hat er 2007 das Bundesverdienstkreuz erhalten. Danke Otto, Du hast uns viel Freude bereitet. Deine Lebenseinstellung – auch schwierige Situationen mit Humor anzugehen – ist mir und vielen anderen zum Vorbild geworden. Als besondere Überraschung trug er während einer Buchlesung in Neuzelle eine kleine Geschichte vor, die sich hier ereignete. Diese bisher unveröffentlichte Geschichte können Sie in diesem Buch auf Seite 182 nachlesen.

Otto Häuser, der Schöneicher Künstler Joachim Tilsch und Torsten Kleinschmidt

Otto Häuser bei seiner Buchlesung in Neuzelle im September 2003

Gemüsegerichte und Beilagen

Schnelle Kartoffelklöße

500 g Pellkartoffeln (vom Vortag, gepellt)	quetschen und mit
150 g Mehl	
2 Eier	
Salz, Muskat	zu einem Teig kneten. So viel
Mehl	zugeben, dass der Teig nicht mehr an den Händen kleben bleibt. Dann Klöße formen und in kochendes
Salzwasser	legen. Auf kleiner Flamme köcheln, bis sie oben schwimmen.

Wie Köpenick zu seinem Namen kam

Als der Ort noch keinen Namen hatte, warf einmal ein Fischer seine Netze im Müggelsee aus und fing einen großen Krebs. Der konnte sprechen und sagte, er wolle ihn zu einem reichen Mann machen, aber er dürfe ihn nicht in seinem Wohnort verkaufen, sondern nur jenseits der Spree. Der Fischer war einverstanden. Wie er aber auf den Markt kam, vergaß er die Bedingung und bot den Krebs zum Verkauf an. Da begann der Krebs zu rufen: »Köp nich, köp nich!«, und der Interessent lief erschrocken davon. Der Fischer aber stieg nun wieder mit dem Krebs in sein Boot und ruderte bis nach Stralau, wo er das Schalentier für so viel Geld verkaufte, dass er ein reicher Mann wurde. Beim Stralauer Fischzug, der jedes Jahr am 24. August stattfand, haben die Stralauer zum Andenken an diese Geschichte jedesmal einen großen Krebs im Festzug mitgeführt. Den Heimatort des Fischers nannte man seitdem nach den Worten, die der Krebs gerufen hatte: Köpenick.

Historisches Wappen von Köpenick am Rathaus

Gemüsegerichte und Beilagen

Sauerkrautauflauf

Torsten Schöne, Petershagen

500 g Kartoffeln	schälen, kochen, zu Püree stampfen.
400 g Kasseler	klein schneiden, in
Öl	anschmoren, mit
375 g Sauerkraut	mischen. In eine Auflaufform im Wechsel Kartoffelpüree, Sauerkraut und Kasseler einschichten, abschließend etwas Püree darübergeben und mit etwas
Käse	bestreuen. Rund 20 Minuten im Ofen überbacken.

Spreewälder Sauerkraut-Puffer

500 g rohe Kartoffeln	reiben.
200 g Spreewälder Sauerkraut (frisch)	schneiden.
1 Zwiebel	würfeln. Alle Zutaten vermengen, mit
Salz, Pfeffer	abschmecken und in etwas
Rapsöl	portionsweise knusprig braten.

*Dazu passt ein frischer, knackiger Salat, Kräuterquark und Leinöl.
Mit Räucherlachs oder Saftschinken wird ein Festessen daraus.*

*Im Heimatmuseum Mönchswinkel.
Der Gründer, Betreiber und gute Geist des Hauses, Arno Ziechmann, zeigt gerne seine umfangreiche Sammlung.*

Gemüsegerichte und Beilagen

Schnellgurken

Marco Ostwald, Fürstenwalde

1 kg Gurken	schälen, in 1 cm dicke Scheiben schneiden. Bestenfalls in einen Steintopf geben und
2 TL Salz, 3 EL Zucker	
6 EL Essig	
1 EL Senfkörner	
½ TL Pfeffer (schwarz, gemahlen)	hinzufügen. Zum Schluss noch
Zwiebelringe	obendrauf geben und zugedeckt 24 Stunden stehen lassen. Nach Belieben mit
Dill oder Meerrettich	verfeinern.

Frühlingsfest in Fürstenwalde

Gemüsegerichte und Beilagen

Schmorgurken

Marco Ostwald, Fürstenwalde

Ein Rezept meiner Oma – ohne Geschmacksverstärker und Konservierungsstoffe, aber mit viel Gemüse – frisch aus dem eigenen Garten.

500 g gelbe Gurken	schälen, in Scheiben schneiden.
500 g Tomaten	sowie
4 Paprikaschoten	
5 Zwiebeln	würfeln.
3 Knoblauchzehen	fein würfeln. Alle Zutaten in
150 g Butter	anschwenken und weich schmoren. Nach Bedarf noch etwas Wasser auffüllen. Mit
Salz, Pfeffer, 1 EL Zucker	sowie
Paprikapulver (scharf)	abschmecken.

Nach Belieben können auch Jagdwurst oder Hackfleisch zugegeben werden.

Blick auf das Alte Rathaus und Dom St. Marien in Fürstenwalde

Fischgerichte

Aal mit Salbei

1 kg Aal	häuten, in 5 bis 8 cm große Stücke schneiden. Diese kräftig mit
Salz	einreiben und etwa 1 Stunde ziehen lassen. Anschließend in
Mehl	wenden und je Aalstück ein Blatt frischen
Salbei	in die Bauchhöhle stecken oder mit einem Zwirnfaden festbinden. Mit
Pfeffer (aus der Mühle)	würzen und anschließend in etwas
Rapsöl	knusprig anbraten. Unter häufigem Wenden goldbraun backen.

Dazu passen Salzkartoffeln und grüner Salat.

Am Wernsdorfer See

Fischer in Wernsdorf

Fischgerichte

Brathering und Bierbratforelle

12 küchenfertige Heringe oder kleine Forellen	waschen, trocken tupfen, mit
Salz	innen und außen einreiben. Mit
2 TL Mehl	bestäuben und anschließend in einer Pfanne mit mäßig heißem
Öl	von jeder Seite 4 Minuten braten. Dann aus der Pfanne nehmen und zur Seite stellen.
300 g Zwiebeln	schälen und in Ringe schneiden, zur Seite stellen.
400 g Gewürzgurken	abgießen, die Flüssigkeit auffangen und die Gurken längs vierteln, zur Seite stellen.
250 ml Wasser	mit
25 g Zucker	
50 ml Weißweinessig	
500 ml Pils	
je ½ TL Rosmarin, Thymian	
5 Wacholderbeeren	
2 Lorbeerblätter	
5 Pfefferkörner	und etwas Gurkenflüssigkeit in einem Topf aufkochen, die Zwiebelringe dazugeben und etwa 10 Minuten kochen lassen. Die vorbereiteten Heringe (oder Forellen) in den Gewürzsud geben, die Gewürzgurken hinzufügen und 12 Stunden durchziehen lassen.

Dazu passen am besten Bratkartoffeln und ein grüner Salat. Das Bier gibt dem Gericht eine besonders würzige Note, kann aber auch weggelassen werden.

Die Marinade kann mit anderen Gewürzen wie Senfsaat, Piment, frischem Knoblauch, Chili oder Ingwer abgewandelt werden. Nicht nur Hering oder Forelle lassen sich auf diese Weise zubereiten – probieren Sie Flunder, Scholle oder Sardinen.

Ein »Vorhang« aus Fischernetzen

Für Zwischendurch

Mein Leben als Binnenschiffer-Kind

Von Marina Schiller, Fürstenwalde

Mein Vater lernte Binnenschiffer und fuhr einen Schleppkahn, der Holz, Kohle, Kies und andere Güter transportierte. Meine Mutter war gelernte Fachverkäuferin und ging nach ihrer Heirat als Bootsmann (-frau) auf den Kahn. Ich wurde 1960 geboren und verbrachte sechseinhalb Jahre meiner Kindheit auf den Binnenwasserstraßen der DDR. Die Hauptwasserstraßen wie Elbe, Havel, Oder – aber auch Peene, Saale, Spree und die Kanäle wurden befahren.

Als einziges Kind meiner Eltern lernte ich früh, mich selbstständig zu beschäftigen. Trotzdem hatten meine Eltern stets ein wachsames Auge auf mich, denn ein Stolpern oder ein Fehltritt konnte mich ins Wasser stürzen lassen. Mein schönster Spielplatz war der Frachtraum, der mit Kies gefüllt war – ein riesiger Buddelkasten. Unser Kahn fuhr stets im Schleppzug, so dass dieser abends anlegen musste. Dann gab es für die Kinder der Schiffer die Möglichkeit an Land zu gehen. Spielsachen und Kinder wurden mit dem kleinen Beiboot ans Ufer gebracht. Meine Eltern erzählten mir, dass ich mich an Land etwas unsicher bewegte – alles war so uneben. Deshalb hatte ich mir manche Schramme an Land geholt.

Eine Lieblingsbeschäftigung war das Angeln: Ich hatte eine Bambusstange und angelte mit Mehlteig. Bei den Binnenschiffern wurde fast immer geangelt, so dass es in der Woche oft Fisch gab. Zur Herbstzeit baute mein Vater für mich immer sehr schöne Drachen, die dann an einer langen Drachenschnur über dem Schleppzug schwebten. Leider rissen sie auch oft ab und blieben »verschollen«.

Der Schleppkahn, auf dem Marina Schiller sechs Jahre lebte.

Mittagspause auf dem Kahn

Fischgerichte

Bauernhecht

1 Hecht (2 kg, küchenfertig)	mit dem Saft von
1 Zitrone	beträufeln. Mit
Salz	innen und außen einreiben und mit
Pfeffer	würzen.
80 g Butter	mit
1 EL Sardellenpaste	verrühren, den Fisch damit bestreichen.
3 Zwiebeln	in Scheiben schneiden, in den Fisch geben. Den Hecht in eine Auflaufform geben und bei 200 °C etwa 10 Minuten im Ofen braten. Anschließend wenden, mit
250 ml saure Sahne	begießen und mit
3 EL Semmelbrösel	bestreuen. Weitere 20 Minuten backen. Aus dem Bratfond mit
Dill, Petersilie (fein gehackt)	eine Sauce anrühren. Den Hecht mit der Kräutersauce servieren.

Die Sauce kann mit 1 Eigelb und 2 Esslöffeln Sahne veredelt werden.

Blick von der Spreebrücke Fürstenwalde

Städtisches Museum Fürstenwalde

Fisch und Fenchel

Manfred und Edith Gollnick – Laubenpieper in Schöneiche bei Berlin

»… unser Leib und Magengericht«

4 Pangasiusfilets	mit
Salz	würzen und mit dem Saft
1 Zitrone	beträufeln, marinieren lassen.
2 große Fenchelknollen	halbieren und in reichlich
Salzwasser	etwa 15 bis 20 Minuten kochen.
500 g Kartoffeln	schälen, kochen. Aus etwas
Butter	und
Mehl	eine helle Schwitze bereiten und mit dem Fenchelwasser ablöschen. Etwas
Senf (nach Geschmack)	einrühren und mit
Petersilie, Dill, Thymian	sowie
Honig	abschmecken. Die marinierten Fischfilets in
Semmelmehl	wenden und in
Rapsöl	goldgelb ausbacken. Die Filets mit Sauce und Fenchel anrichten, den Fenchel dabei mit
Dill, Thymian (frisch, gehackt)	bestreuen und mit zerlassener
Butter	beträufeln.

Kunst und Kindergarten am Storchenturm in Schöneiche

Fischgerichte

Forelle in Folie

4 Forellen (300 – 350 g)	waschen und mit Küchenpapier trocken tupfen, auf Alufolie legen. Mit
Salz, Pfeffer (weiß)	würzen. Die Forelle innen mit dem Saft von
1 Zitrone	beträufeln.
4 TL Butter	in die Forellen geben.
8 TL Petersilie (gehackt)	davon je 2 Teelöffel in den Bauch jeder Forelle geben.
Zwiebelringe	auf jeden Fisch legen, die Alufolie oben schließen. Die Enden der Folie etwas nach oben knicken, damit der Saft nicht herauslaufen kann. Im vorgeheizten Ofen bei 250 °C etwa 20 Minuten garen lassen.

Dazu passen Salzkartoffeln und Kopfsalat.

*Dinoteich im kleinen Spreewald
Schöneiche bei Berlin*

*Bauinschrift von 1725
an der Schlosskirche
Schöneiche bei Berlin*

Fischgerichte

Gedünstete Rosmarin-Forelle auf Paprika-Zucchini-Gemüse

4 Forellen (küchenfertig)	säubern, mit
Salz	würzen und mit dem Saft
1 Zitrone	säuern.
1 Zucchini	sowie
je 1 gelbe, rote Paprika	
2 rote Zwiebeln	und
1 Knoblauchzehe	würfeln. Das Gemüse in einem großen Topf mit
100 g Butter	anschwitzen. Die Forellen dazugeben.
2 Rosmarinzweige	hinzufügen und mit
250 ml Weißwein	übergießen. Deckel auflegen und langsam (auf kleiner Stufe) garen. Eventuell Weißwein nachgießen, falls zu wenig Flüssigkeit vorhanden ist. Zum Anrichten die Forellen filetieren und auf etwas Paprika-Zucchini-Gemüse geben, mit etwas Dünstfond übergießen.

Ob der Fisch fertig gegart ist, überprüfen Sie, indem Sie vorsichtig an der Rückenflosse des Fisches ziehen. Löst diese sich leicht heraus, dann ist der Fisch gar. Mit einem Rosmarinzweig und einer Zitronenscheibe garnieren. Dazu passen Petersilienkartoffeln.

Im Fischerkietz

Sommerliche Stimmung am Frauentog Köpenick

Der Fischer vom Müggelsee

Von Rainer Kockro, Berlin Köpenick

Im »Alten Fischerdorf Rahnsdorf« finden Sie eine Gelegenheit etwas für Ihren verwöhnten Gaumen zu tun. Der einzige Fischer des Müggelsees, Herr Thamm, hat hier in unmittelbarer Nähe zum Anlegesteg der Motorfähre 23 an der Müggelspree seinen Fischverkauf eröffnet. Seit über 35 Jahren betreibt er seinen Beruf mit Leib und Seele. Ein harter Job, jeden Morgen in der Früh, so gegen 5 Uhr geht es bei Wind und Wetter und auch bei Minusgraden raus zu »seinem« Hauptfanggebiet, dem Müggelsee.

Neben einem Geschäft in der Köpenicker Innenstadt, gibt es in den Sommermonaten einen Verkauf von Lebendfisch und Räucherware am schön gestalteten Verkaufsstand an der Müggelspree. Da sieht man den Räucherofen zum Greifen nahe und es empfängt den Gast der einzigartige Duft von frisch geräuchertem Fisch.

Und hier meine persönliche Empfehlung: Fragen Sie mal bei der freundlichen Fischerin am Stand nach meinem Lieblingsrezept – frittierte Barschfilets. Die Filets werden in einer dünnen Panade in der Friteuse gegart, dazu gibt es eine pikante Knoblauch-Sauce und Brötchen. Und wer es nicht gleich am Stand essen will, nimmt diese kleine Mahlzeit mit nach Hause und erwärmt es nochmals kurz im Grill.

Am Dorfanger im alten Fischerdorf Rahnsdorf

Eine schicke Hausnummer im alten Fischerdorf Rahnsdorf

Knusperfisch

Dr. Uta Fritz, Grünheide

Butter	zum Ausfetten einer Auflaufform verwenden. Die Auflaufform mit
50 g Semmelbrösel	ausstreuen und darauf eine Lage von
400 g Seefischfilet	geben. Mit
Salz, Pfeffer	würzen. Jeweils die Hälfte von
2 Zwiebeln (in Scheiben)	sowie
2 Tomaten (in Scheiben)	
100 g Kapern	
je 2 TL Worcestersauce, Meerrettich, Senfkörner	
4 Lorbeerblätter	
8 Pfefferkörner	
2 TL Zitronenschale	und
2 Prisen Zucker	auf die Filets geben. Dasselbe mit einer weiteren Lage – mit der anderen Hälfte der Zutaten – wiederholen. Anschließend
50 g Semmelbrösel	
50 g Butterflöckchen	und
100 g Käse (gerieben)	überstreuen. Im Ofen bei 170 °C etwa 40 Minuten backen.
½ Bund Petersilie	fein hacken, beim Servieren überstreuen.

> Verwenden Sie Seefischfilet – zum Beispiel Dorsch, Rotbarsch oder Seelachs.

> Was ist der Unterschied zwischen Kabeljau und Dorsch? Als Jungfisch wird er Dorsch genannt und Kabeljau als älterer, laichreifer Fisch. Einzig in Deutschland gibt es zwei Namen für eigentlich einen Fisch – Fische aus der Ostsee nennt man hier Dorsch, aus der Nordsee Kabeljau.

Der Schäfer

Hecht in Pergament

4 Stück Backpapier (40 x 40 cm)	mit
1 EL Butter	einfetten.
600 g Schafskäse	sowie
600 g Hechtfilet	
1 Gemüsezwiebel	und
1 Zucchini, 4 Tomaten	in Würfel schneiden. Mit
1 TL Thymian	und
1 TL Rosmarin	vermischen. Den Saft von
1 Zitrone	sowie etwas
Salz, Pfeffer aus der Mühle	dazugeben und auf den Backpapieren verteilen. Zu kleinen Päckchen verschließen und bei 175 °C etwa 45 Minuten backen.

Alter Baumbestand mit Statue im Schlosspark Köpenick

Hier fährt man romantisch über den Müggelsee in Richtung Sonnenuntergang.

Lachs im Bademantel

Der Bademantel ist ein grüner, herzhafter Eierkuchen mit reichlich frischen Kräutern.

400 g Lachsfilet	in vier Streifen schneiden. Mit dem Saft
½ Zitrone	säuern und mit
Salz, Pfeffer	würzen. Das Filet nach Belieben braten oder grillen.

Der Bademantel

200 g Mehl	mit
2 Eier	
200 ml Milch	und
Kräuter (frisch, gehackt)	verrühren, in
Öl	portionsweise dünn ausbacken. Das Lachsfilet im »Bademantel« einwickeln und servieren.

Dazu passen Blattspinat und Orangen-Hollandaise (Rezept S. 148).

Das gemütliche Hotel und Restaurant Neu-Helgoland ist eine beliebte Ausflugsgaststätte an der Müggelspree, unweit des kleinen und großen Müggelsees.

Stein des Friedens an der Dorfkirche in Müggelheim

Fischgerichte

Wels nach Müggelheimer Art

500 ml Weißwein (trocken)	mit
4 l Wasser	zum Kochen bringen.
200 g Möhren	sowie
50 g Sellerie	in Streifen schneiden, zum Weinsud geben.
100 g Lauch	in Ringe schneiden, dazugeben.
1 ungeschälte Knoblauchzehe	sowie
1 Thymianzweig	
2 Lorbeerblätter	
5 weiße Pfefferkörner (zerdrückt)	
2 Nelken	
3 Korianderkörner	
1 TL Senfkörner	
1 TL Dillsamen	
1 EL geriebener Meerrettich	und etwas
Essig	dazugeben, 10 Minuten kochen. Anschließend mit
Salz, 1 Prise Zucker	abschmecken.
1 Wels (2½ kg, küchenfertig)	in den heißen Sud einlegen und etwa 25 bis 30 Minuten ziehen lassen.

*Dazu passen Salzkartoffeln, Butter und Sahnemeerrettich sowie ein trockener Silvaner.
Den Sud durch ein feines Sieb gießen, einfrosten und mehrfach verwenden.*

Bootsvergnügen auf der Müggelspree in Hessenwinkel

Wasserpumpe in Alt Müggelheim

Für Zwischendurch

Auf Erkundungstour im Kietz zu Köpenick

Von der Köpenicker Fischervereinigung

Boote schaukeln auf den Wellen. Netze wehen zum Trocknen im Wind. Aus den Booten werden die Fänge zum Markt verladen. Seit vielen Jahrhunderten Alltag bei den Fischern am Frauentog, jener Dahmebucht zwischen der Köpenicker Schlossinsel und der Fischersiedlung »Kietz« – bis 1898 selbstständige Gemeinde mit eigenem Schul- und Gerichtswesen. Doch das ist seit Langem Geschichte. Schon in den 1930er Jahren des vorigen Jahrhunderts war es mit der Romantik im Kietz vorbei.

»Das alte Dorf Kietz mit seiner Ursprünglichkeit ist längst dahin. Die Erinnerung allein ist geblieben. Wir denken wohl noch an die stille Häuserzeile mit den kleinen Vorgärten, aus denen der Rotdorn Tausende seiner Blüten in den Sommer schickte. Wir sehen noch das Holperpflaster vor uns, über welches sich die Wagen schwerfällig knarrend fortbewegten. Und wir stellen vielleicht mit Erstaunen fest, dass erst ein Jahrzehnt seit jenem modernen Einbruch in eine romantische Geschichte abgesunken ist«. Seit diesem Bericht aus dem Köpenicker Tageblatt von 1932 sind nun wieder fast acht Jahrzehnte ins Land gegangen. Die Menschen im Kietz und ihre Tätigkeiten haben sich weiter verändert. Heute erinnert nur noch ein Straßenzug mit seinen zwei Reihen einstöckiger Fischerhäuser mit tief herabgezogenen Dächern an das einst selbstständige Dorf der Fischer, dem schon das kurfürstliche Privilegium vom 31. August 1451 seine Fischereirechte bestätigte.

Jetzt bestimmt anderes Handwerk und Gewerbe das Geschehen im Kietz: So befinden sich hier verschiedene Dienstleister wie Physiotherapie, Zahnarzt, Ernährungsberatung, Kosmetiksalon und Wassersportschule. Auch ein Tierarzt, der SV Empor Köpenick, eine Weberei und die Köpenicker Fischervereinigung e.V. sind hier ansässig. In der näheren Umgebung wird Wäsche nach alter Tradition der Mutter Lustig gewaschen und zwar in »Omas Waschküche«. Hier in der Luisenstr. 23 werden im hauseigenen Museum insbesondere zur Sommerzeit viele Touristen durch die Wäschereigeschichte geführt.

Natürlich wohnen auch noch Fischer im Kietz. Zum Beispiel im Haus Nr. 6 Karl Finkelde, liebevoll »Grätenkarl« genannt, der als wandelnde Chronik auf eine über 500-jährige Famili-

Der Fischerkietz wurde 1355 erstmals urkundlich erwähnt. Er war bis 1898 eigenständig.

Für Zwischendurch

entradition zurückblicken kann und vor mehr als 30 Jahren seinen Fisch zunächst in der Kietzer Straße und später in der Bahnhofstraße verkaufte. Am Haus Nr. 25, in dem die Köpenicker Fischervereinigung ihren Sitz hat, erklärt ein Schild den Zusammenhang zwischen dem Köpenicker Wappen und der Fischerei. In der Fischervereinigung haben sich zehn Berufsfischer und viele Inhaber von Fischereirechten zusammengeschlossen, so dass von der »KöFi« rund 30 Fischereirechte bewirtschaftet werden. Dem Angelfreund ist diese Adresse wohlbekannt, kann man hier doch Angelkarten für die Gewässer von Spree und Dahme in Köpenick und dem Umland erwerben.

Den Fisch als Hauszeichen findet man übrigens nicht nur am Haus Nr. 25: Bei einigen Häusern im Kietz ist ein stilisierter Fisch über dem Hauseingang angebracht; manche Fische sind aber auch hoch am Giebel versteckt. Selbst auf dem jederzeit zugänglichen Innenhof des Hauses Nr. 12 kann man den Fisch auf einer Reklametafel entdecken. Kein Wunder, wohnt doch der Vorsitzende der Köpenicker Fischervereinigung, Wolfgang Boerger, dort. Schauen Sie sich nur aufmerksam um, finden sie alle Fische? Auch wenn Ihnen der eine oder andere Fisch verborgen bleiben sollte: Eine Erkundungstour durch den Kietz lohnt trotzdem und zu jeder Jahreszeit. Und spätestens vom Café »Köpenicker Seeterrassen« oder am Ende der wieder geöffneten Wassergassen kann man den herrlichen Blick über den Frauentog auf die Schlossinsel und die Köpenicker Altstadt genießen. Höhepunkt im Kietz seit mehr als 15 Jahren ist das Straßenfest »Kietzer Sommer«, welches am Samstag eingebettet in den »Köpenicker Sommer« regelmäßig im Juni von den Kietzer Anwohnern für ihre Freunde und Besucher veranstaltet wird. Auch hier ist der Fisch als Wahrzeichen und bunter Schmuck, aber auch als Fischbrötchen vielfältig vertreten.

Für Freizeitkapitäne: die Steganlage am Frauentog in Köpenick

Kleine Gasse zum Frauentog

Fischgerichte

Bückling mit Spiegelei

Geräucherte Bücklinge sind ein wahrer Hochgenuss. Der Bückling ist ein gesalzener und bei über 60 Grad Celsius geräucherter Hering. Die Haut des Bücklings wird durch den Räuchervorgang goldfarben.

4 Scheiben Bauernbrot	mit
1 TL Butter	und
Knoblauchwürfel	in der Pfanne rösten.
4 Bücklingsfilets	darauf anrichten.
4 Eier	als Spiegeleier braten und auf den Bücklingsfilets verteilen.

Dazu passen fein gehackte, frische Kräuter und Sahnemeerrettich.

Regenbogen im Sommer

Geräucherte Bücklinge sind ein besonderer Genuss.

Fischgerichte

Hecht in Milchsauce

Marina Schiller, Fürstenwalde

1 Hecht (küchenfertig)	portionieren und mit
Salz	würzen. Einen Würzsud vorbereiten, dafür
je 1 Möhre, Zwiebel, Petersilienwurzel	sowie
1 Scheibe Sellerieknolle (fingerdick)	in feine Würfel schneiden. Das Gemüse mit
4 Pfefferkörner	in etwa
1 l Wasser	zum Kochen bringen.
1 Lorbeerblatt	sowie
1 TL Salz	zufügen und 10 Minuten kochen. Nun den portionierten Fisch in den heißen Sud legen und gar ziehen lassen, nicht kochen. Den gegarten Fisch aus dem Sud entnehmen und
500 ml Milch	hinzufügen. In einem extra Topf aus
1 EL Margarine	und
1 EL Mehl	eine helle Mehlschwitze bereiten, mit dem Fischsud ablöschen und mit
Salz	abschmecken. Die Sauce soll nur leicht sämig sein. Den Fisch nun hinzufügen und kurz ziehen lassen, mit frischer
Petersilie	bestreuen.

Servieren Sie dazu Salzkartoffeln. Außer Hecht kann auch jeder andere Weißfisch, wie zum Beispiel Zander, verwendet werden.

Kinder mit Schildkröte (1972) – Skulptur von Walter Lerche im Schlosspark Köpenick

Fleischgerichte

Berliner Schnitzel – unglaublich aber wahr

Um den beruflichen Nachwuchs gleichermaßen zu begeistern und zu schockieren, war schon in meiner Lehrzeit eine der ersten Fragen der »alten Hasen« in der Küche: »Was ist ein Berliner Schnitzel?«

1 kg Kuheuter	etwa 3 bis 4 Stunden wässern, dann mit heißem Wasser überbrühen und mit
1 Bund Suppengrün	aufsetzen. Etwa 3 Stunden weich kochen, dann das Euter enthäuten und in Scheiben schneiden. Mit
Salz, Pfeffer	würzen, durch
1 Ei	ziehen und mit
Semmelbrösel	panieren. In
50 g Butterschmalz	knusprig braten.

Dazu passt am besten Kartoffelsalat (Rezept S. 25).

Berliner Fernsehturm

Blick »von oben« Richtung Köpenick Treptow

Für Zwischendurch

Viele Gerichte haben ihren Ursprung in Berlin

Bockwurst
Der Berliner Gastwirt Robert Scholtz bot 1889 feine Brühwürste des jüdischen Fleischers Löwenthal an, die nur aus Kalbs- und Rindsbrät bestanden. Dazu wurde das Tempelhofer Bock – ein regionales Bockbier – angeboten. Die Gäste machten daraus Bockwurst.

Currywurst
Not macht erfinderisch – Senf war Mangelware: Die Berlinerin Herta Heuwer servierte 1949, nachdem ihr der Senf ausgegangen war, ihre gebratene Brühwurst mit einer Sauce aus Tomatenmark, Currypulver, Worcestersauce und weiteren Gewürzzutaten.

Kasseler
Soll eine Erfindung des Berliner Fleischermeisters Cassel sein …

Dönerkebab
Mahmut Aygün kam 1971 als Angestellter eines Berliner Imbiss auf eine ungewöhnliche Idee. Er packte etwas Dönerfleisch mit Joghurt und Salat in eine Teigtasche. Ein Mythos war geboren. Von Berlin startete der Dönerkebab seinen Siegszug durch Deutschland.

Currywurst aus dem Bauchladen

Der »Molecule Man« von dem amerikanischen Bildhauer Jonathan Borofsky. Im Volksmund wird das Kunstwerk wegen der Löcher auch »Die Dreikäsehoch« genannt.

Fleischgerichte

Kalbsleber mit Bratapfel

2 Zwiebeln	sowie
1 Apfel	in Scheiben schneiden. Beides in
2 EL Rapsöl	goldgelb anschwenken.
4 Scheiben Kalbsleber	in
4 TL Mehl	wenden. In
Rapsöl	bei schwacher Hitze braten und erst jetzt mit
Salz, Pfeffer	würzen.

Dazu passen Quetschkartoffeln (Rezept S. 51). Als sommerliches Gericht auch mit Salat und knusprigem Baguette. Auch Geflügelleber schmeckt mit gebratenem Apfel-Zwiebelgemüse sehr gut.

Lungenhaschee

1 kg Lunge	waschen in grobe Stücke teilen, zusammen mit
1 l Wasser	und etwas
Salz	garen.
2 EL Margarine	mit
2 EL Mehl	und
1 Zwiebel (fein gewürfelt)	anbraten. So viel Brühe auffüllen, dass eine sämige Sauce entsteht. Die Lunge klein schneiden und hacken oder durch den Fleischwolf drehen. Mit der Sauce verrühren, herzhaft mit
Essig	
Salz, Pfeffer	abschmecken.

Beliebtes Gericht in vielen Betriebskantinen und ein Geheimtipp aus dem Gashäuschen (Beitrag S. 34).

Die Oderbaumbrücke

Fleischgerichte

Bouletten aus Schöneiche

Brigitte Kleinschmidt, Schöneiche bei Berlin

Hackfleischgerichte waren zu DDR-Zeiten allgegenwärtig und auch sehr beliebt. Kleine Bouletten gehören hierzulande bei Familienfeiern auf jedes Buffet. Der Berliner und auch der Randberliner wird anderswo oftmals scherzhaft als »Boulette« bezeichnet.

1 Schrippe (Brötchen)	in
200 ml Milch	einweichen.
300 g Rinderhackfleisch	mit
200 g Schweinehackfleisch	und
1 Ei	sowie dem eingeweichten Brötchen vermischen. Mit
Salz, Pfeffer, Kümmel	würzen.
1 Zwiebel	fein würfeln, zugeben, gut durchkneten. Bouletten formen und in
Semmelmehl	wälzen. Von beiden Seiten in
Margarine oder Butterschmalz	saftig braten.

Mit Bouletten kann man nichts falsch machen – ob klassisch zu Kartoffelsalat, als Mittagsgericht mit Gemüse oder noch schnell eine für die Pausenbrote am nächsten Tag.

Zu Gast in Schöneiche bei Berlin: der Natur- und Skulpturen-Künstler Robert A. Larson (re.) aus Florida auf seiner Deutschland Tour

Fleischgerichte

Bratkartoffeln mit Blutwurst und Schmorapfel

600 g Pellkartoffeln (vom Vortag)	pellen, in Scheiben schneiden.
2 Zwiebeln	würfeln.
100 g Speckwürfel	mit Zwiebelwürfeln und Kartoffelscheiben in
Öl	knusprig braten.
2 Äpfel	würfeln, zugeben, mitbraten. Mit
1 TL Majoran	
½ Bund Petersilie (gehack)	sowie
Salz, Pfeffer	würzen.
500 g Blutwurst	in nicht zu dünne Scheiben schneiden. In
5 EL Mehl	wenden und in
Öl	von beiden Seiten knusprig anbraten. Zum Anrichten die knusprigen Blutwurstscheiben auf die Bratkartoffeln geben.

Paule 3 – die einzige Ruderfähre Berlins

Püttbaude in Rahnsdorf

Für Zwischendurch

Unterwegs zwischen Rahnsdorf, Neu Venedig und Püttberge

Von Kerstin Töppe, Rahnsdorf

Rahnsdorf bietet dem Naturliebhaber eine großartige Kombination von Wasser und Bergen. Ich lade Sie zu einer kleinen Erkundungstour ein: Neben den Püttbergen und Neu Venedig empfehle ich einen Besuch am Borkenstrand – mit Strandbar am Müggelsee. In Strandkörben oder auf Relaxliegen kann man romantische Sonnenuntergänge bei Musik und einem kühlen Drink genießen. Weiter führt uns die kürzeste Fährlinie der BVG – die Ruderfähre. Sie überquert von Ostern bis Oktober die 36 Meter breite Müggelspree von Rahnsdorf zu den Spreewiesen (Müggelheim).

Zwischen Rahnsdorf und Hessenwinkel verzweigt sich die Müggelspree lagunenartig in kleine Kanäle. Ein zauberhaftes Zusammenspiel von Wasser, Natur und Le-

Ein Graureiher sucht an der Müggelspree nach Beute.

Paddelparadies Neu Venedig

Für Zwischendurch

ben, für das es nur einen Namen geben kann: Neu Venedig. Rialtoring, Lagunenweg – wer denkt da nicht an Italien und Venedig? Das Gebiet südlich der Fürstenwalder Allee zwischen Dämeritz- und Müggelsee war ursprünglich ein sumpfiges Wiesengelände an der Spree. 1926 wurde begonnen, die Wiesen trockenzulegen, indem Kanäle angelegt wurden. Die Wege wurden durch Aufschüttungen befestigt und es wurden Brücken gebaut. Anfang der 1930er Jahre wurde Neu Venedig zu einer einmaligen Wochenend-Kolonie ausgebaut. Nach dem Krieg nutzten viele in der Stadt ausgebombte Bewohner ihre Wochenendgrundstücke als Dauerwohnsitz. So wurde an- und ausgebaut, und heute befinden sich neben Wochenendhäuschen auch zahlreiche sehr schöne Einfamilienhäuser und einige Villen in Neu Venedig. Man kann Neu Venedig bei einem Spaziergang durch die Straßen oder über die Kanalbrücken erkunden. Doch schöner ist es, mit einem Kanu oder Kajak durch die kleinen Kanäle zu paddeln. Neu Venedig hat fünf Kanäle, die sich über fünf Kilometer erstrecken und 13 Brücken, davon nur drei für Fußgänger. Die erste Brücke, die man von der Müggelspree kommend mit dem Boot durchfährt, ist die Rialtobrücke. Empfehlenswert ist als kleine Zwischenstation der Besuch des gleichnamigen Restaurants.

Dünen gibt es nicht nur an der Ostsee, auch Berlin hat einige vorzuweisen ... und zwar in Berggröße. Der »Wilhelmshagen-Woltersdorfer Dünenzug« in Rahnsdorf entstand nach der letzten Eiszeit, als sich dort eine Menge Flugsand ansammelte. Er gehört zu den bedeutendsten Binnendünen im Raum Berlin-Brandenburg. Zu diesen Dünen gehören unter anderem der Schonungsberg, der Eichberg und die Grenzberge. Am höchsten aber sind die Püttberge, die sich wie ein Keil zwischen die Köpenicker Ortsteile Rahnsdorf und Wilhelmshagen schieben. Die Püttberge entstanden vor etwa 20 000 Jahren im Abtauprozess der Eiszeit, als sich auch die Landschaften des Berliner Urstromtals entwickelten. Durch Ostwinde häuften sich feine Sande zu Dünen auf – die größte dieser so entstandenen Dünen sind die Püttberge.

In den 1970er und 1980er Jahren waren die rund 16 Hektar großen Püttberge vor allem als Rodel- und Ski-Revier beliebt. 1972 war der bis dahin geltende Naturschutz aufgehoben und eine Ski- und Schlittenausleihstation gebaut worden. 1995 wurde das Gelände wieder unter Naturschutz gestellt und damit das Rodeln verboten.

Nach so viel Bewegung an frischer Luft darf man auf keinen Fall versäumen, die gemütliche Püttbaude zu besuchen. Hier wird leckere, deftige Hausmannskost in netter Atmosphäre serviert – legendär sind übrigens die Bratkartoffeln.

Püttberge in Rahnsdorf als Winterparadies

Fleischgerichte

Eisbeinessen in Berlin und Brandenburg

Ein traditionelles Eisbeinessen zur kalten Jahreszeit, frisch zubereitet nach altem Familienrezept – das ist hierzulande häufig ein Jahreshöhepunkt. Auch zum Richtfest oder bei Bauübergabe zeigt man sich in dieser Region mit einem Eisbeinessen gern bei fleißigen Handwerkern erkenntlich.

2½ kg Eisbein (Stelze, gepökelt)	gut unter Wasser säubern, abtupfen und Borstenreste mit Messer entfernen. In ausreichend Wasser mit
1 TL Salz, 2 TL Zucker	
Pfeffer	
5 Pimentkörner	
1 Lorbeerblatt	
1 Zwiebel	langsam weich kochen – etwa 2 bis 2½ Stunden. Sobald sich das Fleisch leicht vom Knochen löst, ist es gar.

Dazu serviert man traditionell Mostrich, Meerrettich sowie Lehm und Stroh – also Erbspüree und Sauerkraut (Rezept S. 50).

Fürstengalerie in Fürstenwalde

Der Hauptmann speist im Ratskeller Köpenick.

Schöneicher Bratwurst – selbst gemacht
(ergibt 8 bis 10 Würste)

Mike Ziebart, Schöneiche bei Berlin

1 kg Schweinebauch (ohne Schwarte)	durch den Fleischwolf lassen (grobe Scheibe 3 bis 5 mm) lassen Anschließend mit
18 g Salz	
4 g Pfeffer	sowie
8 g Majoran	vermischen und in
Schweinedärme (26/28 oder 28/30)	füllen. Nun 30 Minuten bei 70 °C brühen.

Zu dieser groben Bratwurst passt die Currysauce (Rezept S. 156).

Ein Wiedersehen in Schöneiche bei Berlin: Renate Hiller und Torsten Kleinschmidt. Der Edeka Markt von Martina Walter in Schöneiche bei Berlin, ist auch ein Treffpunkt mit einer besonderen Einkaufskultur.

Stockrosen – eine besondere Zierde im Garten

Fleischgerichte

Buntes Huhn

Iris Fasold, Schöneiche bei Berlin

Das Rezept stammt von meiner Großmutter, die früher in Thiede, das heute zu Salzgitter gehört, für den Eigenbedarf und für die Konservenindustrie Gemüse anbaute. Das Rezept für »Buntes Huhn« stammt also aus Niedersachsen, hat aber auch seine Liebhaber entlang der Spree gefunden.

Das »Bunte Huhn« hat seinen Namen nicht etwa wegen des Hühnerfleisches, sondern wegen der Bohnen erhalten. Eigentlich verwendet man windtrockene Saubohnen, die ich aber heute durch Konserven von Kidneybohnen und anderen dicken Bohnen ersetze. Zusammen mit den übrigen Zutaten ergeben sie die Farbe eines bunten Huhnes.

500 g Schweinebauch oder Rippchen	in reichlich
Salzwasser	gar kochen, herausnehmen, abkühlen lassen, klein schneiden.
1 Kohlrabi	sowie
2 – 3 Möhren	
1 kleiner Apfel	
300 g grüne Bohnen	klein schneiden und etwa 30 Minuten in der Fleischbrühe kochen.
200 g Tomatenmark	sowie
200 g Kidney-Bohnen	
200 g dicke Bohnen	hinzufügen und zusammen mit dem Fleisch noch einmal aufkochen lassen.

Wer es wünscht, kann noch einige Kartoffelstückchen mitgaren. Ich mache das nicht!

Historisches Rathaus in Köpenick

Fleischgerichte

Chinesisch 1980

Meine Mutter überraschte uns eines Tages mit einem chinesischen Gericht – zubereitet aus Schabefleisch, viel Zwiebeln, Ketchup und Reis dazu. Es war ein toller Spaß für uns Kinder, bei uns gab es etwas »Exotisches« und wir bestanden natürlich auf unsere Stäbchen. Die ersten Delikat-Läden boten damals dafür einige exotische Zutaten und Gewürze, auch Stäbchen waren dort erhältlich. Diese Angebote waren meist sehr teuer und eigentlich hatte keiner Erfahrung mit Sojasauce, Reiswein oder eingelegten Algen. Hier das Rezept meiner Mutter Brigitte Kleinschmidt, Schöneiche bei Berlin:

500 g Schabefleisch	mit
1 Zwiebel (fein gewürfelt)	leicht anbraten.
200 ml Tomatenketchup	dazugeben, mit etwas Wasser ablöschen und mit
1 EL Mehl	bestäuben. Mit
Salz, Pfeffer	abschmecken.

In kleinen Schüsseln mit Reis und Stäbchen servieren.

Bildgießerei der Firma Seiler. Die wohl populärste Plastik der Firma ist der Schuster Voigt, alias »Der Hauptmann von Köpenick« vor dem Rathaus in Berlin-Köpenick.

Eine Mauer voller Geschichten am Spreewaldpark Schöneiche. Das Ferienprojekt für Kinder mit der Keramikerin Erika Doberstein trägt den Titel »Am Jägergraben«.

Fleischgerichte

Gänseleber mit Portweinkirschen

400 g Gänseleber	in etwas
Mehl	wenden, mit
Salz, Pfeffer	würzen und in etwas
Rapsöl	braten. Dann zur Seite stellen.
25 g Zucker	karamellisieren lassen, mit
100 ml Portwein (rot)	und
100 ml Kirschsaft	ablöschen.
200 g Süßkirschen	dazugeben, kurz mitkochen und mit
Balsamico-Essig	sowie
1 EL Honig	abschmecken. Die Gänseleber wieder dazugeben und nur kurz durchschwenken.

Passt gut zu knackigem Salat und Reis.

Gänsemarsch

Alte Bienenkörbe

Für Zwischendurch

Wild kochen oder wild kochen

Von Karl-Heinz Heß, Jägervereinigung Berlin-Müggelsee e.V.

Sie wollen Wild kochen oder wild kochen? Das liegt ganz daran, welche Ambitionen Sie zum Kochen haben. Gehen wir mal von Ersterem aus. In der heutigen Zeit der Emanzipation kann es auch schon mal sein, dass der Mann die Schürze an hat. Damit ich aber allen gerecht werde, spreche ich beide an, ich sage einfach Frau Herrmann.

Wir haben uns also für das Kochen von Wild entschieden. Dazu ist es erforderlich, dass wir den aufrichtigen Jäger oder Weidmann kennen, der uns garantieren kann, dass das Wild erlegt wurde und nicht von der Straße ist. Letzteres wäre zwar mürbe aber nicht so empfehlenswert.

Zunächst vergewissern wir uns, ob wir alles, was wir brauchen, zur Verfügung haben. Frage 1, wo ist die Küche? Wenn Sie länger nicht gekocht haben, so sollten Sie sich einmal die Beschreibungen Ihrer Küchengeräte durchlesen. Hatten Sie nicht letztes Jahr in Ihrem Backofen noch einen Osterhasen versteckt? Sind die Papiere aus der Spülmaschine wieder raus? Sie wissen doch, das waren doch die Kontoauszüge, die Ihre bessere Hälfte nicht sehen sollte. Aber sicher doch, Sie haben alles im Griff, Sie sind ordentlich, keine Frage, die Möbel stehen alle noch da, genau wie vor 20 Jahren.

Doch nun zu unserem Wild. Vor Ihnen liegt eine Wildschweinkeule von einem Überläufer (Wildschwein im zweiten Jahr). Außerdem ein paar Wildschweinrippen. Zunächst stellen wir, wie nachfolgend geschildert, aus den Rippen einen Wildfond her, Zeit etwa vier Stunden. In einem Topf braten wir die Rippen in heißem Öl scharf an, bis sie gebräunt (eine Stufe weniger als schwarz) sind. Mit anbraten tun wir eine schwach geschälte Zwiebel (die letzte braune Schale bleibt), zwei grob geschnittene Karotten, mittlere Größe, also M, Sellerie, je nach Aggregatzustand des Mannes und eine Stange Porree. Dann noch sechs mit dem Messer auf einem Brett zerdrückte Wacholderbeeren, einen Teelöffel Senfkörner, zehn

Ein schöner Wald bei Fangschleuse

Pfefferkörner, fünf Pimentkörner (Nelken Pfeffer) und zwei Lorbeerblätter. Alles wird angebraten und kurz vor dem Ablöschen geben wir noch einen Esslöffel Tomatenmark hinzu. Nun löschen wir die Rippen mit einem achtel Liter trockenem Rotwein ab. Wenn dieser aufkocht, geben wir einen viertel Liter Wasser hinzu. Das Ganze lassen wir nun reduzieren um etwa die Hälfte. Dann wieder aufgießen, diesmal aber mit einem halben Liter Wasser. Nun nehmen wir einen Esslöffel Salz und geben diesen hinzu. Nach Reduzierung um ein Drittel, geben wir wieder einen halben Liter Wasser hinzu. Nach vier Stunden können Sie davon ausgehen, dass sich die Gelatine der Rippen freigesetzt hat. Dieser Fond ist der Aufgusssud für Ihren Wildbraten.

Wild braucht hohe Anfangshitze, um zu schließen und wird dann unter mäßiger Hitze (170 Grad Celsius) weitergegart. Es empfiehlt sich, das Wild vorher anzubraten und dann im Ofen weiter zu garen. Pro Kilogramm Fleisch sagt man 50 Minuten und pro weiteres Kilogramm etwa 20 Minuten mehr. Länger, laugt das Fleisch aus. Doch nun fangen wir mit unserem wertvollen Braten an. Mit einem scharfen Messer ziehen wir vorsichtig die dünne, durchsichtige Haut vom Fleisch. Danach waschen wir das Fleisch ab (ohne Domestos oder Spülmittel), mit klarem Wasser. Das Einlegen von Fleisch in Buttermilch oder Rotweinessigfond muss

Guten Appetit

Heimatblick

Für Zwischendurch

man nur dann vollziehen, wenn es sich um ein älteres Stück handelt. Wir braten das Stück nun von allen Seiten gut an, also bräunen, etwas tiefer als Solarbräune. Mit Salz und grobem, schwarzem Pfeffer würzen. Nun geben wir noch eine geschälte, gewürfelte Zwiebel, besser noch vier Schalotten hinzu. Nach dem Anbraten geben wir etwas von unserem selbst hergestellten Fleischsud hinzu (etwa ein Fünftel des Fleisches soll im Sud liegen). Den Backofen haben wir natürlich vorgeheizt, allerdings auf 220 Grad Celsius und geben nun das Gebrät hinein. Nach zehn Minuten runter schalten auf 170 Grad Celsius und nach den vorgegebenen Zeiten garen. Es empfiehlt sich, den Rippenfond heiß über den Braten zu geben, immer wieder zwei Suppenkellen. Eine halbe Stunde vor Ende der Garzeit noch einmal einen achtel Liter Rotwein hinzugeben. Zum dicken Ende den Rest Sud hinzugeben und zehn Minuten ziehen lassen. Nun das Fleisch entnehmen und auf einem Brett abstehen lassen, dabei in Alufolie einwickeln. Dadurch festigt sich die Schnittqualität des Bratens.

Wenn Sie nun glauben, Sie sind fertig, das kann ich nun nicht beurteilen. Fertig mit wem, dem Braten oder ... mit dem Braten, ist nicht ganz richtig, denn was nun? Flambieren? Anrichten? Zum Flambieren nehmen wir je nach Geschmack Calvados über 30 Volumenprozent oder Obstgeist. Wenn man den erwärmt, dann flammt der auch schon bei 35 Volumenprozent. Also erwärmen und anzünden, dann über den Rücken oder die Keule, nicht die oder den von Ihren Gästen, das wäre nicht so schön. Garnierung – halbe Williamsbirnen aus dem Glas oder der Dose, ach wenn Willi das doch miterleben könnte, mit Wildpreiselbeeren füllen und auf die Fleischplatte geben.

Ein Tipp, wenn Sie das Fleisch mit fettem Speck spicken wollen, dann schneiden Sie diesen vorher in Streifen, packen ihn vereinzelt auf Pergament und lassen ihn in der Truhe (nicht Wäschetruhe) kühlen, dann ist er schön fest. Ich wünsche Ihnen gutes Gelingen und weidmannsheil, bei der Schlacht in der Küche danach.

Idyllisches Grünheide

Fleischgerichte

Fleischpuffer

Iris Fasold, Schöneiche bei Berlin

Dieses Gericht ist in unserer Familie sehr beliebt. Mein Mann und ich haben es vor etwa 30 Jahren bei einem Urlaub im tschechischen Riesengebirge in einem Restaurant namens »Rübezahl-Baude« gegessen.

6 Kartoffeln (mehlig kochend)	raspeln.
2 Zwiebeln	fein schneiden und beides mit
200 g Schabefleisch	
200 g Hackepeter	
3 Eier	
4 EL Kloßteig (für Kartoffelklöße)	sowie
Salz, Pfeffer, Knoblauch	gut vermischen. Jeweils etwa 2 Esslöffel der Masse in der heißen Pfanne etwas breit drücken und von beiden Seiten in
Öl	braten.

Handschriftliche Notiz: Schweinsfaschiertes (Hackepeter) – Rindsfaschiertes (Schabefleisch)

Fachwerkhaus in Schöneiche bei Berlin

Auf dem Pfad der Sinne im kleinen Spreewald Schöneiche bei Berlin

Fleischgerichte

Gewürzhähnchen aus der Joghurt-Marinade

1 Brathähnchen	in 4 bis 8 Teile zerlegen. Mit dem Saft
1 Zitrone	von allen Seiten gut einreiben und etwa 10 Minuten marinieren lassen.
2 EL Ingwer (frisch geraspelt)	mit
2 EL Koriander (gemahlen)	
je 1 TL Cayennepfeffer, Kreuzkümmel, Kurkuma	
1 Knoblauchzehe (fein gehackt)	
½ TL Muskatnuss (frisch gerieben)	sowie
250 g Joghurt	mischen. Die Hähnchenteile damit bestreichen, 24 Stunden im Kühlschrank marinieren. Dann im Ofen bei 230 °C etwa 35 Minuten garen. Dabei immer wieder mit der Marinade bepinseln.

Die Milch kommt noch vom Milchmann ...

... und das Gemüse vom Bauern.

Fleischgerichte

Falscher Hase

Brigitte Kleinschmidt, Schöneiche bei Berlin

1 Schrippe (Brötchen, vom Vortag)	in
100 ml Milch	einweichen.
300 g Rinderhackfleisch	mit
200 g Schweinehackfleisch	
100 g Zwiebel (fein gewürfelt)	
1 Ei	in eine Schüssel geben. Mit
Salz, Pfeffer	würzen, gut durchkneten und in eine runde oder längliche Form bringen.
100 g Bauchspeck	in dünnen Scheiben um den Hacklaib legen. Dann in
100 g Semmelmehl	wenden und mit
100 g Margarine oder Butterschmalz	von allen Seiten anbraten. Anschließend mit etwas Wasser ablöschen.
250 ml saure Sahne	hinzufügen und mit
100 g Tomatenketchup	würzen.

Die Sauce nach Belieben mit Mehl andicken. Zu dem Hackbraten passen Quetschkartoffeln (Rezept S. 51) und Gemüse.

Schöneicher Straßenbahn in der Winterlandschaft

Ein steinerner Riesendrache, genannt Dinomaurier, steht im Kleinen Spreewaldpark. Auf seinem Leib trägt der Riesendrache fast 500 Keramikreliefs, die von Kindern gefertigt und mit Naturmotiven versehen wurden.

Fleischgerichte

Berliner Ćevapčići oder Apfel-Käsebouletten

1 Brötchen (vom Vortag)	kurz einweichen, gut ausdrücken. Mit
600 g Hackfleisch (gemischt)	und
1 Ei	verkneten.
1 Zwiebel	sowie
2 Knoblauchzehen	schälen, fein hacken.
1 Bund Basilikum	fein hacken.
200 g Gouda	fein würfeln.
250 g Äpfel (saure Sorte)	schälen, Kerngehäuse ausstechen, fein würfeln. Alle Zutaten unter die Hackmasse mischen, mit
Salz, Pfeffer	abschmecken. Die Masse zu länglichen Bouletten formen und in
5 EL Rapsöl	braten.

Frische Kräuter wachsen im heimischen Garten.

Ob es regnet oder schneit ... gefeiert wird trotzdem.

Für Zwischendurch

Berliner Geburtstagsbouletten 1987

Wir staunten nicht schlecht – 1987 zur 750-Jahrfeier Berlins – verwandelte sich die Stadtmitte auf wundersame Weise. Es gab plötzlich Flaniermeilen, Läden mit vollen Schaufenstern, bunte Leuchtschriften, nette Cafés, rustikale Bierstuben – es wurde versucht, den Besuchern vorzugaukeln, dass es in der DDR genauso aussieht, wie im Westen. Worüber ich am meisten verwundert war. Es wurden sogar rund um den Alexanderplatz alle Abfalleimer ausgetauscht und optisch den abfallbehälern von Westberlin angeglichen. Und – in unserem Berlin gab es plötzlich »Fast Food« allerdings unter anderem Namen: Der Hot Dog wurde zur Ketwurst, der Hamburger wurde zur Alex-Grilletta und die Pizza zur Krusta.

Ich arbeitete zu dieser Zeit im Palasthotel. Dort gab es für die Straßengäste das Quick-Restaurant und einen Softeis-Straßenverkauf. Auch wir mussten mit dem neuen Zeitgeist mithalten. So gab es bei uns »Ćevapčići« – das Gericht stammt von der Balkanhalbinsel, genauer aus dem ehemaligen Jugoslawien – damals ein »Klassenbruder der DDR«. Für das Nationalgericht auf dem Balkan gibt es selbst dort unzählige Rezepte und Variationen. So kreierte das Palasthotel daraus ein Rezept mit Apfel. Diese neue Kreation war der »Renner« des Restaurants – über Jahre hinweg.

*Großeltern-Enkel-Tag
im Modellpark Berlin-Brandenburg*

Die Berliner Landesfahne

Fleischgerichte

Rumpsteak Strindberg

4 Rumpsteaks (à 180 g)	leicht plattieren, mit
Salz, Pfeffer	würzen.
2 EL Senf	mit
2 EL Meerrettich	mischen.
2 Zwiebeln	fein würfeln, dazugeben. Die Steaks von beiden Seiten damit bestreichen. Alles vorsichtig andrücken und in
4 EL Mehl	wenden.
2 Eier	verquirlen, die Steaks durchziehen und in einer beschichteten Pfanne mit
Öl	langsam goldgelb braten.

Die Rumpsteaks müssen von gut abgehangenem Fleisch sein. Gerade für diese Zubereitungsart muss das Fleisch sehr zart sein.

Neugierige Rinder auf der Wiese

Fleischgerichte

Rinderrouladen

4 Scheiben Rindfleisch aus der Keule (à 200 g)	klopfen, mit
Salz, Pfeffer	würzen. Mit
150 g Senf (mittelscharf)	einreiben und mit
4 Scheiben Räucherspeck	
4 Zwiebeln (in Scheiben)	
4 Gewürzgurken (in Streifen)	belegen. Dann zusammenrollen und in
4 TL Rapsöl	scharf anbraten. Anschließend
1 l Fleischbrühe	aufgießen und etwa 2 Stunden schmoren lassen.

Damit die Rouladen nicht auseinander fallen, schwört jeder auf seine Methode – mit Küchenzwirn zusammengebunden, mit Rouladennadeln oder gar speziellen Klammern festgesteckt. Ich lege die Rouladen so dicht in den Topf, dass sie nicht mehr auseinander fallen können. Man muss nur beim Umdrehen ein bisschen aufpassen.

Weites Land – hier kann man die Seele baumeln lassen.

Weiter spreeabwärts liegt das Restaurant »Zur letzten Instanz«. Es ist das älteste Restaurant Berlins.

Fleischgerichte

Ragout vom Rehwild aus dem Berliner Forst

1 kg Rehfleisch aus der Schulter	in Würfel schneiden, über Nacht in eine Würzmarinade einlegen.

Die Marinade

120 g Möhren	sowie
60 g Sellerie	
200 g Zwiebeln	fein würfeln.
10 Pfefferkörner (zerdrückt)	und
10 Wacholderbeeren (zerdrückt)	
1 Lorbeerblatt, 2 Nelken	
1 Knoblauchzehe (zerdrückt)	
Thymian	sowie
1 l Rotwein	dazugeben. Die Fleischwürfel einlegen.

Sie können je nach Geschmack und Jahreszeit mit etwas Holunderbeermarmelade das Ragout verfeinern oder gebratene Pilze wie Champignons, Pfifferlinge oder Steinpilze dazugeben.

Die Zubereitung

	Nach etwa 12 Stunden das Rehfleisch aus der Marinade entnehmen und trocken tupfen. In etwas
Öl	scharf anbraten und von allen Seiten schön bräunen. Das abgetropfte Gemüse aus der Marinade dazugeben und mitrösten. Mit etwas
Mehl	bestäuben.
1 EL Tomatenmark	zugeben und unter Rühren trocken rösten. Mit der Marinade ablöschen und einreduzieren. Mit
Wildfond	auffüllen und zugedeckt im Ofen bei 200 °C schmoren, bis das Fleisch gar ist. Das Fleisch aus der Sauce nehmen, das Gemüse weiter kochen und die Sauce dann durch ein Sieb geben. Mit
Salz, Pfeffer	abschmecken. Vor dem Servieren werden die Fleischwürfel in der fertigen Sauce nochmals erhitzt.

Denkmal vor der Dorfkirche in Spreenhagen

Eine haarsträubende Geschichte: Förstermord am Müggelsee

Aufgeschrieben von Jochen Luczak, Rahnsdorf

Wer als Spaziergänger am Gedenkkreuz für den ermordeten Förster Schwarzenstein vorbeikommt, wird sich vielleicht fragen, was für eine Geschichte dahintersteckt. Für alle Interessierten hier eine kurze Abhandlung dazu: Nahe des Strandbades Müggelsee befindet sich das Rahnsdorfer Forsthaus. Hier arbeitete und lebte von 1904 bis zu seinem Tode 1908 der Königliche Förster Emil Schwarzenstein mit seiner Frau, Sohn Willy und zwei Töchtern. Am Abend des 22. Januar 1908 spielte Förster Schwarzenstein Skat im nahe gelegenen Restaurant »Paradiesgarten«. Er verließ das Restaurant gegen Mitternacht. Auf dem Heimweg musste er ein dringendes »Geschäft« erledigen und hockte sich dazu etwas abseits der Straße im Wald hin. In diesem Moment wurde ihm mit einer Schrotflinte ins Gesäß geschossen, worauf er sich wohl umdrehte. Dann traf ihn eine zweite Schrotkugel tödlich in die Brust.

Altweibersommer

Wendenturm am Müggelsee

Aufgrund zahlreicher schwerwiegender Indizien wurde recht schnell der 18-jährige Förstersohn Willy Schwarzenstein des Mordes verdächtigt. Willy war – wie sich schnell herausstellte – ein kleiner Hallodri. Er hatte ohne Wissen seines Vaters seinen Job aufgegeben und aufgrund ständiger Geldknappheit verschiedene Bekannte seines Vaters angepumpt und schließlich gefälschte Wechsel, die er mit der Unterschrift seines Vaters versah, ausgestellt. Nun liefen also zwei Strafverfahren gegen ihn, eines wegen Betrugs, das andere wegen Mordes. Verteidiger in beiden Prozessen war der Staranwalt Dr. Schwindt, der bereits unseren berühmten »Hauptmann von Köpenick« – Wilhelm Voigt vor Gericht verteidigt hatte. Willy Schwarzenstein wurde wegen Betrugs am 6. März 1908 zu vier Monaten und zwei Wochen Gefängnis verurteilt. Der Mordprozess endete am 24. Juni 1908 unter großer öffentlicher Anteilnahme mit einem Freispruch.

Im August 1908 wurde am Tatort ein Eichenholzkreuz errichtet, das jedoch Ende der 1950er Jahre verfiel. Im September 2001, also fast 100 Jahre nach dem Geschehen, wurde am gleichen Ort ein neues Kreuz aus Eichenholz errichtet. Bis heute ist ungeklärt, wer der wahre Mörder des Försters war. Als man 1938 den Fall noch einmal aufgreifen wollte, waren die Akten von 1906 nicht mehr auffindbar. Was aus Willy Schwarzenstein wurde, ist ebenfalls unbekannt. Er soll noch 1908 nach Amerika ausgewandert sein. Aber auch das konnte bisher nicht belegt werden.

Holzhand in Alt Müggelheim am Rande der Köpenicker Bürgerheide

Ufer am Dämeritzsee

Fleischgerichte

Salzfleisch

Torsten Schöne, Petershagen

4 kg Kammfleisch	die Knochen ausschälen. Mit einer Gewürzmischung aus
je 1 TL Pfeffer, Salz, Paprika, Majoran	
½ TL Kümmel (gemahlen)	
2 Lorbeerblätter (zerstoßen)	
Knoblauch (gepresst)	
Rosmarin (fein gehackt)	
2 TL Rapsöl	
1 TL Sojasauce	
1 TL Senf (mittelscharf)	einreiben.
1 kg Salz	auf ein Blech streuen. Das Fleisch auflegen und 2 Stunden bei 200 °C backen (nicht wenden).

Übrigens, in einer alten Kaffeemühle lassen sich Gewürze wunderbar mahlen.

Schloss Köpenick »en Miniature« im Modellpark Berlin-Brandenburg

Einer der berühmten Berliner Straßenbrunnen auf dem Schüßlerplatz in Köpenick

Fleischgerichte

Spitzkohlroulade

1 kleiner Spitzkohl oder Weißkohlkopf	von den Außenblättern und dem Strunk befreien. In reichlich siedendem Wasser kochen, bis sich die Blätter ablösen lassen. Die abgelösten Blätter in kaltem Wasser abschrecken, flach ausbreiten, Rippen glätten (abschneiden oder platt schneiden). Mit etwas
Salz, Pfeffer, Kümmel	würzen.
2 Brötchen	kurz einweichen, ausdrücken, mit
250 g Hackfleisch (gemischt)	
1 Ei	und
1 kleine Zwiebel (gewürfelt)	zu einer Füllung verkneten und mit
Salz, Pfeffer, Kümmel	
Petersilie (gehackt)	würzen. Die Füllung in die vorbereiteten Kohlblätter geben. Die Kohlrouladen in eine gebutterte Kasserolle setzen und im Backofen bei 160 °C etwa 25 Minuten schmoren lassen.

Dieses traditionelle Rezept lässt sich wunderbar variieren. Als Füllung eignen sich auch Geflügel oder sogar Fisch mit Reis oder Brot.

Die Dorfkirche von Alt Müggelheim

Fleischgerichte

Kesselfleisch vom Lamm

1 kg Lammfleisch aus der Keule	in ragoutgroße Würfel schneiden und in
80 g Schweineschmalz	anbraten.
600 g Zwiebeln	würfeln, dazugeben, kräftig anbraten.
3 EL Tomatenmark	dazugeben, anrösten und mit
1 l Fleischbrühe	ablöschen. Etwa 1½ Stunden kochen lassen.
1 kg Kartoffeln	schälen, würfeln, dazugeben und weitere 30 Minuten kochen lassen. Bei Bedarf noch etwas Fleischbrühe zugeben. Mit
1 EL Paprikapulver (edelsüß) Salz, Pfeffer	abschmecken.

Hackfleisch-Strudel

300 g TK-Blätterteig	dünn ausrollen.
1 Ei	verquirlen, die Teigränder damit bestreichen.
400 g Boulettenmasse (Rezept S. 81)	auf den Blätterteig geben und zu einer Rolle formen. Die Ränder mit verquirltem
Eigelb	bestreichen. Den Strudel mit einer Gabel einstechen, damit beim Backen Dampf entweichen kann. Bei 175 °C etwa 20 Minuten goldgelb backen.

Kunst auf dem Ei

Rotwein-Sauerbraten

1½ kg Rindfleisch aus der Oberschale	waschen, mit
Salz	einreiben, zur Seite stellen.
1 Zwiebel (gewürfelt)	sowie
1 Bund Suppengrün	putzen, würfeln.
1 Knoblauchzehe	pressen, mit dem Gemüse und
500 ml Rotwein	
400 ml Weinessig	
500 ml Wasser	
5 Gewürznelken	
1 Lorbeerblatt	
10 Pfefferkörner	sowie
5 Wacholderbeeren	aufkochen, erkalten lassen und dann auf das Fleisch geben. Nun 2 bis 4 Tage beizen, zwischenzeitlich wenden. Danach das Fleisch trocken tupfen und in
2 TL Rapsöl	anbraten.
2 Zwiebeln	würfeln, dazugeben.
1 TL Tomatenmark	hinzufügen, mitbraten. Die Beize absieben und das Fleisch damit ablöschen. Je nach Größe des Fleischstücks 2 bis 3 Stunden garen. Die Sauce mit
2 EL Kartoffelstärke	binden und mit
Salz, Pfeffer	abschmecken.

Reichen Sie Kartoffelklöße (Rezept S. 58) dazu.

Was man zu Omas Zeiten in der Küche so gebraucht hat.

Für Zwischendurch

Küchenmeister-Tipp:
Zubereitung von Rindersteaks

Besonders wichtig ist, sich für die Zubereitung Zeit zu nehmen. Das fängt schon bei der richtigen Ausgangstemperatur an: Rindfleisch darf nicht zu kalt in die heiße Pfanne oder den Ofen gegeben werden, sonst bekommt das Fleisch einen Schock und wird zäh und trocken. Am besten lässt man das Fleisch gut abgedeckt ganz langsam auf Zimmertemperatur kommen.

Meine Empfehlung: Große Fleischstücke, zum Beispiel Rinderfilet oder Roastbeef, werden im Stück ohne Gewürze bei 80 Grad Celsius in den Backofen geschoben (Umluft ist hier nicht empfehlenswert). Das Fleisch sollte eine Kerntemperatur von 65 Grad Celsius erreichen – das dauert je nach Größe des Fleischstücks zwischen 30 und 60 Minuten. Erst dann brät man es in Butterschmalz oder einem guten Pflanzenöl kurz kross an. Gewürzt wird das Fleisch erst während des Bratvorgangs. Bei dieser Methode des »Rückwärtsbratens« bleibt das ganze Stück Fleisch innen saftig und rosa, außen hingegen wird es schön knusprig.

Eines der ersten »Geheimnisse«, in die wir als Koch-Lehrlinge eingeweiht wurden, ist die Handballen Probe. Dies ist ein Test, der anzeigt, ob das Steak noch blutig, Medium oder gut durch ist. Nehmen Sie dazu Ihre Hände wie folgt zu Hilfe: Berühren Sie Ihren Daumen mit dem Zeigefinger und fühlen Sie nun die Festigkeit des Daumenballens. Fühlt sich das Steak vergleichbar an, so ist es »rare« – also innen noch blutig. Führen Sie Daumen und Mittelfinger zusammen und befühlen Sie erneut den Daumenballen. Entspricht das Fleisch etwa dieser Festigkeit, so ist es »medium rare«, also kurz vor Medium – rosa saftig. Wiederholen Sie diesen Test mit Daumen und Ringfinger. Jetzt entspricht die Festigkeit des Daumenballens dem Fleischzustand »medium«. Führen Sie den Daumen mit dem kleinen Finger zusammen. Wenn die Festigkeit von Daumenballen und Fleisch etwa gleich sind, ist das Steak »well done« – also gut durch. Für größere Fleischstücke hingegen bietet es sich an, ein Fleischthermometer zu nutzen. Dieses sollte allerdings nicht von oben, sondern waagerecht ins Fleisch gesteckt werden.

Hübsche Porzellantöpfe

Kleine Besonderheiten

Die schnellste Pizza der Welt

Lena Kleinschmidt, Neuzelle

1 Fladenbrot	waagerecht halbieren, mit
4 EL Tomatensauce	bestreichen. Mit
4 Scheiben Salami	
1 Tomate (in Scheiben)	
1 Zwiebel (in Scheiben)	belegen und mit
50 g Käse (gerieben)	bestreuen. Im Ofen bei 200 °C überbacken.

Frühstücksmuffel-Himbeer-Drink

150 ml fettarme Milch (alternativ Sojamilch)	mit
50 g Magerquark	
50 g Honig	und
50 g Himbeeren (gefrostet)	in einen Standmixer geben und pürieren, bis eine cremige Konsistenz entsteht.

Eiskalt genießen.

Das Borstentier fühlt sich im Heimattiergarten Fürstenwalde »sauwohl«.

Weihnachts-Gewürzschmalz

500 ml Rotwein (trocken)	im Topf kurz erhitzen, nicht kochen.
300 g Backpflaumen	dazugeben.
10 g Weihnachtsgewürz (Nelke, Sternanis, Zimt)	im Mörser fein zerstoßen, zu den Rotweinpflaumen geben.
Je 50 g Walnüsse, Sonnenblumenkerne, Kürbiskerne	in einer Pfanne rösten und etwas klein hacken.
750 g fetter Schweinebauch (ohne Schwarte)	sowie
200 g magerer Speck (geräuchert)	klein würfeln oder durch den Fleischwolf lassen. In eine hohe Pfanne oder einen Topf (am besten aus Gusseisen) geben und erhitzen, bis das Fett austritt. Dann unter Rühren bei schwacher Hitze etwa 30 Minuten braten, bis die Würfel knusprig werden. In der Zwischenzeit
2 große Zwiebeln	schälen und in möglichst kleine Würfel schneiden.
2 säuerliche Äpfel	schälen, vierteln und vom Kerngehäuse befreien, ebenfalls würfeln. Die Rotweinpflaumen klein hacken und dazugeben. Die Nussmischung dazugeben.
½ Bund Thymian	waschen, trocknen und die Blättchen von den Zweigen streifen. Zwiebel, Äpfel und Thymian mit
2 TL Salz	und
Pfeffer (frisch gemahlen)	zum Schmalz geben und zusammen noch etwa 30 Minuten sieden lassen, bis die Schmalzgrieben schön knusprig sind. Das Schmalz in hitzebeständige Gefäße füllen und abkühlen lassen.

Das Schmalz hält sich im Kühlschrank über einige Wochen. Die Kalorien vergisst man beim Genuss sofort. Sie können das beim Enten- oder Gänsebraten anfallende Fett dazugeben.

Weihnachtsschmuck

Kleine Besonderheiten

Geröstete Knoblauchstulle mit Tomaten

2 Zwiebeln	fein würfeln und in
1 EL Olivenöl	glasig dünsten.
4 Tomaten	in Scheiben schneiden, kurz mit den Zwiebeln anschwenken.
1 EL Petersilie (fein gehackt)	sowie
1 EL Schnittlauchröllchen	dazugeben.
4 Scheiben Mischbrot	kräftig toasten.
50 g Butter	mit
4 Knoblauchzehen (gepresst)	auf die Brotscheiben streichen. Tomaten und Zwiebelmischung obenauf geben. Mit
Salz, Pfeffer	würzen und sofort servieren.

Im Haus der Steine in Rüdersdorf kann man Geologie erleben.

Otto-Torell-Haus im Museumspark Rüdersdorf

Für Zwischendurch

Hasenbrot? – Wau!

Von Frank Knittermeier

Wenn mein Vater früher von einer Dienstreise nach Hause kam, wurde er von den Kindern bestürmt: »Hast du uns Hasenbrot mitgebracht?« Klar, hatte er. Auch Oma und Opa hatten bei ihren Besuchen Hasenbrot im Gepäck und beglückten damit die Kinder.

Hasenbrot? Mit diesem Ausdruck können heute viele nichts mehr anfangen. Dahinter verbirgt sich eine Alltäglichkeit, die durch einen einfachen Umstand zu einer Besonderheit und Delikatesse wurde: Es waren belegte Butterbrote, für den Verzehr unterwegs gedacht, aber nicht aufgegessen. Denn früher war es üblich, für eine Tagesreise Butterbrote zu streichen und in Papier einzuwickeln. So ausgestattet, konnte am Tage eigentlich nichts mehr schief gehen. Und das eine oder andere Brot für die Kinder mitzubringen, war eigentlich Ehrensache: Hasenbrot eben.

Nun stelle man sich heute vor, der Papa würde den Kindern abends alte Stullen auf den Tisch stellen. Mit dem ausgetrockneten Brot von gestern und krustig gewordener Leberwurst. Kein Kind würde erfreut zugreifen. Zumal altes Brot in die Tastatur des Computers krümeln könnte. Das geht gar nicht. Allenfalls ein kalt gewordener Döner oder ein pappiger Hamburger könnte da noch eine gewisse Anerkennung bringen.

Es gibt nur einen, der Interesse an meinem Hasenbrot hat und es zu schätzen weiß: Das ist unser Hund. Der sich freut, wenn die alte Leberwurststulle in seinem Fressnapf landet. Dafür wedelt er freudig mit seinem Schwanz. Immerhin.

(Abdruck mit freundlicher Genehmigung der Norderstedter Zeitung)

Familien Wunschhund

— Kleine Besonderheiten —

Soleier

Wilma Otto, Erkner

Soleier sind ein traditionelles Gericht der Berliner Küche. Gegessen werden sie als Zwischenmahlzeit: Das Ei wird geschält und längs halbiert, der Dotter herausgenommen, in die Mulde wird nun etwas Öl, Essig und Pfeffer gegeben. Den Dotter wieder darauf setzen, etwas Senf dazugeben und das halbe Ei mit einem Bissen verzehren.

6 Eier	etwa 12 Minuten kochen, dann abschrecken. Die Eierschale von allen Seiten etwas anschlagen. Die Eier in einem hohen Glas mit einer Lösung aus
1 l Wasser	
200 g Salz	
1 TL Kümmel	etwa 24 Stunden ziehen lassen.

Soleier kommen bei uns mit Senf, Pfeffer, Essig und Öl auf den Tisch.

Die große Domorgel im Fürstenwalder Dom St. Marien

Der wunderschöne Altar und das Sakramentshaus im Fürstenwalder Dom St. Marien

— Kleine Besonderheiten —

Weihnachtsbutter mit Vanille

250 g Butter	weich werden lassen. Das Mark von
1 Vanilleschote	und
250 g Rohrzucker	zugeben. Die abgeriebene Schale von
1 Zitrone	dazugeben. Dann
2 Sternanis	
1 Nelke	
1 Prise Zimt	im Mörser fein mahlen, hinzufügen und alles schaumig rühren.

Diese Butter eignet sich besonders als Zutat auf Kuchenbrötchen.

Perlzwiebeln in Essig

150 g Perlzwiebeln	pellen.
30 g Zucker	im Topf karamellisieren und mit
200 ml Brühe	ablöschen.
4 EL Weißweinessig	zusammen mit den Zwiebeln zugeben. Bei mittlerer Hitze etwa 20 bis 25 Minuten garen.

Sie können auch andere sehr kleine Zwiebeln verwenden. Die Zwiebeln vor dem Pellen mit heißem Wasser bedeckt etwa 10 Minuten stehen lassen. So lassen sich die Zwiebeln besser pellen und es kommen auch keine Tränen.

Skulptur von Hans Hennig im Schlosspark Köpenick: Zwei Giraffen (1977)

Kleine Besonderheiten

Salzgurken aus Rauen

Marina Schiller, Fürstenwalde

3 kg Einlegegurken	gründlich waschen und in einem großen Steintopf mit
4 Ranken Weinlaub	
10 Stiele Dill (auch mit Dolden)	
2 Stiele Estragon	
2 Blätter Kirschlaub	sowie
3 EL Senfkörner	in 3 bis 4 Schichten einlegen. Mit
4 l Salzsud (erkaltet)	bedecken. Zum Schluss noch
1 Ranke Weinlaub	auflegen, mit einem passenden Teller abdecken und mit einem Stein beschweren, kühl stellen. Nach 10 Tagen sind die Gurken fertig.

Für den Salzsud nehmen Sie etwa 40 g Salz je Liter Wasser.

Kreislauftrunk oder Herzwein

Nach einer Rezeptur der heiligen Hildegard von Bingen aus dem 12. Jahrhundert. Der mit Petersilie angesetzte Herzwein bringt den Kreislauf in Schwung. Nehmen Sie von diesem Trunk morgens, mittags und abends jeweils 1 Esslöffel ein.

10 – 12 große Petersilienstängel	in
1 l Rot- oder Weißwein	etwa 10 Minuten kochen. Mit
200 g Honig	süßen, dann abseihen und in Flaschen abfüllen.

Vor der Grubenschmiede, Rauen 1905

Der Hauptmann von Köpenick

Vom Tourismusverein Berlin Treptow-Köpenick e.V.

Nichts hat Köpenick so bekannt gemacht wie der Schelmenstreich und Gaunerakt eines vorbestraften Schusters namens Wilhelm Voigt. Er besetzte am 16. Oktober 1906 in einer Uniform vom Trödler das Rathaus, verhaftete den Bürgermeister und »konfiszierte« die Stadtkasse. Damit wurde Voigt zum »Hauptmann von Köpenick« und stellte zugleich, ungewollt, den deutschen Untertanengeist seiner Zeit bloß. Als Köpenickiade ging diese Tat in die Weltgeschichte ein. Durch das gleichnamige Theaterstück von Carl Zuckmayer (1931) wurde er zur literarischen Figur.

Vor dem Haupteingang des Rathauses wurde 1996 ein Denkmal für den Hauptmann von Köpenick aufgestellt, geschaffen vom Armenier Spartak Babajan.

Beliebtes Ausflugsziel auf den Müggelbergen

Kleine Besonderheiten

Eingelegte schwarze Senfkörner

60 g schwarze Senfkörner	rund 12 Stunden in
1 l Wasser	einweichen. Anschließend das Wasser abgießen und die Körner 30 Sekunden in
Salzwasser	geben, dann abseihen.
80 ml Gemüsebrühe	mit
3 EL Balsamico-Essig (weiß)	
Salz, Pfeffer (schwarz)	
1 EL Rohrzucker	und
½ TL Thymian	aufkochen, die Senfkörner dazugeben und 15 Minuten köcheln lassen. In ein Glas füllen und 2 Tage durchziehen lassen.

Passt gut zu gebratenen Hähnchen, Lachs und als Dip zu Gegrilltem.

Farbtupfer im Garten

In historischen Kostümen vor dem Köpenicker Rathaus

— Kleine Besonderheiten —

Silvester-Genüsse

Erika Suckert

Silvester Bockbierbowle

Dieses Rezept fand die Zustimmung aller Silvesterfreunde, weil am nächsten Tag keine »Kater-Beschwerden« auftraten.

400 g Schattenmorellen	am Morgen mit
1 Stange Zimt	
4 Nelken	
200 ml Weinbrand	und
3 EL Zucker (je nach Säure der Kirschen)	ansetzen, kühl stellen. Am Abend – unmittelbar vor dem Genuss
4 l Dunkel-Bockbier (8 Flaschen)	vorsichtig dazugeben, gegebenenfalls etwas nachsüßen.

Silvester Römertopf

8 Scheiben durchwachsener Speck	im Römertopf auslegen.
4 Kammscheiben	nach Belieben würzen und im Wechsel mit
500 g Ananasscheiben	
500 g Champignons	einschichten. Die Hälfte des Dosensaftes dazugeben. Im Backofen bei 200 °C etwa 40 Minuten garen.

Servieren Sie dazu Toastscheiben.

Ein Feuerwerk über der Spree

Für Zwischendurch

Als Woltersdorf noch Hollywood war

*»Das Kino schläft. Laßt mich verweilen
bei diesen Sternen, filmomorph.
Es schläft sogar in sieben Teilen,
der Herr der Welt in Woltersdorf.«*

(Kurt Tucholsky; Dezember 1919)

Was Tucholsky schrieb, stimmt nicht ganz, denn es entstanden acht Teile und es war die »Herrin der Welt«, die in Woltersdorf aufgekurbelt wurde. »Die Herrin der Welt« – der größte deutsche Stummfilm, der je gedreht wurde und der von Fantasieorten und Traumbildern überfüllt war. Mia May, die Ehefrau des Regisseurs Joe May, spielte die Hauptrolle und sie – die Stummfilmaktrice der anbrechenden 1920er – wirbelte in dieser Rolle zum Leinwandliebling empor.

1920/1921 wurde in Woltersdorf und Rüdersdorf »Das Indische Grabmal« – bestehend aus den beiden Teilen »Die Sendung des Jogi« und »Der Tiger von Eschnapur« – gedreht. Weitere erfolgreiche Produktionen Harry Piels waren »Er-

Auf dem Kalksee werden Filmaufnahmen für den Stummfilm »Herrin der Nacht« und »Das indische Grabmal« gemacht.

blich belastet« (1913), »Wasser für Canitoga« (1937) und »Sergant Berry« (1941) mit Hans Albers. Mit dem Voranschreiten des Zweiten Weltkrieges und der nachfolgenden Periode des »real-existierenden Sozialismus« schränkte sich auch das Drehgeschehen in Woltersdorf und Rüdersdorf stark ein. Es entstanden dann während der DDR-Zeit kleinere DEFA-Produktionen, etwa Teile von »Solo Sunny« und »Front ohne Gnade«. Der »filmische Aufschwung« trat erst wieder nach der politischen Wende ein.

Wim Wenders drehte 1993 Teile von »Der Himmel über Berlin« und »In der Ferne so nah« – letzteren mit dem unvergesslichen Heinz Rühmann in seiner letzten Rolle, wenige Monate vor seinem Tod. Dann folgte eine Tatortverfilmung »Bei Auftritt Mord« und eine deutsch-kanadische Produktion (1999) »Lexx the Dark Zone«. Im Februar 2000 dann der Knüller: Arnoud drehte über mehrere Monate hinweg im alten Zementwerk »Enemy at the gates« – eine Neuverfilmung des Stalingrad-Epos für umgerechnet 190 Millionen Mark. Im Mai 2001 drehte Bavaria unter anderem »Showdown« im Phosphatwerk und »Ziegler-Film« – eine Axel-Springer-Biographie mit Heiner Lauterbach im Museumspark.

Mit freundlicher Genehmigung, in Auszügen entnommen aus: »Das Märkische Grabmal«, Vergessene Filmlegenden zweier Drehorte; Autor & Verlag Gerald Ramm, Woltersdorf

Am Ufer des Kalksees stand in den 20er Jahren des vorigen Jahrhunderts die größte Film-Kulissenstadt Europas.

Aus Wald und Garten

Grünkraut – so schmeckt mein Garten

Es muss nicht immer Spinat sein – viele Blattgemüse und Wildkräuter lassen sich gartenfrisch so zubereiten – hier kommt Abwechslung auf den Teller.

2 kg Grünkraut (z.B. junger Spinat, Melde, Sauerampfer, Mangold, Erdbeerspinat)	putzen, gut waschen und mit dem noch an den Blättern haftenden Wasser in einem großen Topf dämpfen. Danach abgießen und abtropfen lassen, grob schneiden. In einem Topf
50 g Butter	erhitzen und
3 Schalotten (gewürfelt)	sowie
1 Knoblauchzehe (gehackt)	darin glasig werden lassen. Den Spinat dazugeben und mitdämpfen. Mit
Salz, Pfeffer, Muskat	sowie
Petersilie, Schnittlauch, Kerbel, Kresse	abschmecken.

> *Im Frühjahr sollten Sie das Rezept unbedingt mit jungen Brennnesselblättern ausprobieren – und im Winter auch mit Feldsalat und Rucola. Sie können das Rezept mit Schinkenspeck verfeinern.*

Frühlings-Baumblüte

Blütenpracht im Garten

Für Zwischendurch

Erdbeerspinat aus dem Bauerngarten

Als Gemüse wurde der Erdbeerspinat bereits Jahrhunderte lang in Europa angebaut – ein in Vergessenheit geratenes, altes Bauerngartengemüse. Die Blätter wurden wie Spinat verwendet und die in den Blattachsen wachsenden hellroten Früchte zum Naschen und zur Dekoration verwendet. Verdrängt wurde der Erdbeerspinat von den heutigen Spinatsorten, die sich wesentlich einfacher ernten lassen – nämlich maschinell. Beim Erdbeerspinat braucht man etwas Zeit, um die einzelnen Blättchen vom Stängel abzuzupfen. Schmecken aber umso besser. Durch das attraktive Aussehen der Pflanze ist sie auch für den Hobby- und Ziergarten eine echte Bereicherung.

Aprikosen-Ingwer-Konfitüre

550 g Aprikosen	waschen, putzen, halbieren und entsteinen, dann in kleine Würfel schneiden.
15 g Ingwer	schälen und fein würfeln. Alles zusammen mit
500 g Gelierzucker	aufkochen, mindestens 4 Minuten unter Rühren sprudelnd kochen lassen. Die Konfitüre sofort in verschließbare Gläser füllen, fest verschließen und auf den Deckel stellen. Nach etwa 10 Minuten wieder umdrehen und abkühlen lassen.

Auf der Müggelspree in Ruhe angeln

Hübsch sehen die Gläser mit selbst gemachten Bonbons aus.

Aus Wald und Garten

Eingelegte Waldpilze

Junge, feste Pilze sollen es sein. Optisch gut machen sich kleine Pilze mit noch eingerolltem Hutrand. Steinpilz, Maronenröhrling, Champignon, Pfifferling, Violetter Rötelritterling, Reizker, Butterpilz, Rotkappe, Hallimasch und Täubling sind hervorragende Einlegepilze.

1 kg frische Pilze	putzen, grob schneiden und 10 Minuten in
Salzwasser	kochen. Danach durch ein Sieb abgießen und abtropfen lassen. Gläser zum Füllen bereitstellen, die Gefäße sollten vorgewärmt sein.

Der Gewürzsud

500 ml Weinessig (5%ig)	mit
300 ml Wasser	und
1 Prise Salz	
1 Lorbeerblatt	
je 1 TL Estragon, Senfkörner, Chili, Ingwer, Rosmarin	
je 5 Wacholderbeeren, Pfefferkörner, Pimentkörner	
2 Peperoni	sowie
je 5 Schalotten, Knoblauchzehen	etwa 5 Minuten kochen. Die Pilze in die Gläser füllen und nun den heißen Sud mit den Gewürzen darüber gießen. Die Pilze müssen von der Lake gut bedeckt sein.
Olivenöl	zum Schließen des Inhalts aufgießen. Die Gläser oder Töpfe müssen gut verschlossen werden. Am besten mit Zellophan oder Alufolie, die mit Gummiband straff angedrückt wird. Kühl lagern.

> *Wenn man die Pilze korrekt zubereitet und die Gläser gut verschließt, halten sie etwa vier Jahre.*

Sammlerglück

Aus Wald und Garten

Sauerkrautbrötchen

125 g weiche Butter	in
125 ml Wasser (lauwarm)	schmelzen.
1 Würfel Hefe	darin auflösen und mit
500 g Mehl	
250 ml Milch	vermischen.
1 TL Salz	dazugeben und alles zu einem Hefeteig verkneten. Den Teig an einem warmen Ort etwa 40 Minuten gehen lassen.
250 g Dörrfleisch	sowie
1 große Zwiebel	fein würfeln.
250 g Sauerkraut	abtropfen lassen und etwas klein schneiden. Alle Zutaten in den Teig kneten. Aus dem Teig eine Rolle formen und diese in 12 Teile schneiden. Die Teile zu Brötchen formen und in eine gefettete Springform setzen. Weitere 20 Minuten gehen lassen. Dann bei 200 °C goldbraun backen.

Zuchtpilze, für den, der nicht nur im Herbst gerne Pilze isst.

Schöneicher Krüge

Johannisbeerbowle nach Laubenpieper Art

100 g Erdbeeren	und
4 kleine Pfirsiche	in Würfel schneiden, beides mit
je 100 g Himbeeren, Brombeeren	sowie
100 g Zucker	in ein Bowlegefäß geben, dann
600 ml Johannisbeersaft (rot)	und
250 ml Johannisbeersaft (schwarz)	aufgießen. Alles mindestens 2 Stunden im Kühlschrank ziehen lassen, bis der Zucker sich auflöst. Kurz vor dem Servieren
1 l Mineralwasser (gut gekühlt)	dazugießen, kurz umrühren.

Die Bowle kann natürlich auch mit Sekt zubereitet werden – dafür die Hälfte des Wassers mit Sekt austauschen. Verwenden Sie bestenfalls Früchte aus dem eigenen Garten und variieren Sie die Zutaten entsprechend.

Die Schlosskirche Schöneiche wird heute als Konzerthalle, als Standesamt und für Versammlungen genutzt.

Für Zwischendurch

Schöneiche – Waldgartenkulturgemeinde

Dass es in unserer Heimat Außergewöhnliches zu entdecken gibt, erlebte ich als Jugendlicher bereits in den 1980er Jahren im »Naturschutzaktiv« meines Heimatortes Schöneiche. Ganz nach dem Motto »Warum in die Ferne schweifen, wenn das Gute liegt so nah« lernte ich vor Ort unsere schöne Heimat kennen. Naturinteressierter Bürger Schöneiches gründeten das Naturschutzaktiv als Beratungsgremium der Gemeindevertretung bereits 1967. Ziel war es, bei staatlichen Einrichtungen und auch bei Grundstückseigentümern die Anforderung der Naturschutzgesetzgebung durchzusetzen. Dieses Engagement für den Natur- und Umweltschutz war und ist mit der Bereitschaft zu eigenen Aktivitäten verbunden. Im Gremium Naturschutzaktiv trafen und treffen sich noch heute Menschen, die eines verbindet: die Liebe zur Natur. Sogar Friedensreich Hundertwasser erfuhr von unserem Projekt und sponserte uns 1000 DDR-Mark.

Gerne erinnere ich mich an verschiedene Aktionen, die wir durchführten. So wurde zum Beispiel einer der ersten Krötenschutzzäune des Landes gebaut und dafür gesorgt, dass die LPG ihre Gülle nicht in die Seen und Tümpel »verklappt«. Nach der politischen Wende kamen die Buchstaben »e.V.« für »eingetragener Verein« hinzu. Bei dem seit vier Jahrzehnten bestehenden Zusammenschluss, mit rund 30 Mitstreitern, steht der Wunsch im Vorderund, etwas für die Natur und damit für unsere Gesellschaft zu tun. »Wir kümmern uns um Naturschutzarbeit im Ort und in den Außenbereichen der Gemeinde«, so Wolfgang Cajar. Er leitet das Naturschutzaktiv seit 1995. Die Mitglieder bauen Krötenzäune, Nisthilfen, pflegen Alleen und Feuchtgebiete, machen Reinigungs-Aktionen und bieten Tümpeltouren sowie Vogelstimmen-Wanderungen an.

Kunstgenuss an der Straße – Projekt der Keramikerin Erika Doberstein

Marmeladenvariationen für gute Freunde

Jedes Jahr freue ich mich auf ein besonderes Geschenk – selbst gemachte Marmelade von den »Gänseblümchens«. Diesmal habe ich mir Rezepte gewünscht: süße Geschenkideen von Mirjam Ines Pikula.

Birnen-Feigen-Marmelade

1 kg Birnenwürfel (geschält, Reingewicht)	mit
100 g Trockenfeigen (gewürfelt)	
100 g Rosinen	
100 ml Pfirsichsaft	und
1,3 kg Gelierzucker (1:1)	mischen, Saft ziehen lassen, 4 Minuten sprudelnd aufkochen. Dann Gelierprobe machen, heiß in Gläser füllen, fest verschließen.

Süße Citrusmarmelade

800 g Orangen- und Mandarinenfilets (gemischt)	mit
100 g Orangeat (fein gewürfelt)	
100 ml Orangensaft	
1 kg Gelierzucker (1:1)	mischen, Saft ziehen lassen, 4 Minuten sprudelnd aufkochen. Dann Gelierprobe machen, heiß in Gläser füllen, fest verschließen.

Birnen sind ein typisches Kernobst in vielen Bauerngärten.

Aus Wald und Garten

Walnuss-Kirsch-Marmelade

800 g Sauerkirschen (entsteint)
100 g Walnusskerne (gehackt)
100 ml Holundersaft
1 Spritzer Zitronensaft
1 kg Gelierzucker

mischen, Saft ziehen lassen, 4 Minuten sprudelnd aufkochen. Dann Gelierprobe machen, heiß in Gläser füllen, fest verschließen.

> Die Marmelade in schöne Gläser füllen, hübsch verpacken und beschriften. Und unbedingt ein Glas aufheben zum »Selberbeschenken«.

Gemeinsam kochen – unter Freunden

Apfelblüte

Aus Wald und Garten

Pflaumenmus

5 kg Pflaumen (entsteint)	in einen Bräter füllen und mit
1 kg Zucker	
2 Zimtstangen	sowie
½ TL gemahlene Nelken	über Nacht zugedeckt stehen lassen. Am nächsten Tag in den Ofen schieben und bei 150 °C etwa 8 Stunden eindicken lassen. Das Pflaumenmus hat die richtige Konsistenz, wenn der Kochlöffel beim Durchziehen eine Furche hinterlässt, die erst langsam wieder verschwindet. Dann in saubere Gläser füllen.

Besser ist es, die entsteinten Pflaumen vorab durch einen Fleischwolf zu geben.

Strohballen in Spreenhagen

Viel zu entdecken gibt es im Heimatmuseum Mönchswinkel.

Aus Wald und Garten

Zucchinipiccata

2 Zucchini	in ½ cm dicke Scheiben schneiden. Leicht mit
Salz	würzen und in etwas
Weizenmehl	wenden.
2 Eier	mit
6 EL Vollmilch	verquirlen.
100 g Gouda	fein reiben und unter die Eimasse heben. Die Zucchinischeiben in die Käse-Ei-Masse tauchen, bis sie überzogen sind. Die Scheiben in
4 EL Rapsöl (heiß)	von beiden Seiten goldgelb ausbacken.

Auch Fischfilet, Schweinefilet, dünn geschnittenes Rinderfilet und Hähnchenbrust lassen sich so zubereiten. Dazu passen Nudeln und Tomatensauce.

Dekorative Blumen verzieren Rad und Korb.

Goldene Landschaft – Rapsblüte im April

Nachspeisen und Kompott

Apfel-Quark-Auflauf

Von einer alten Dame aus Spreewiesen, aufgeschrieben von Tante Gerda

3 große Boskop-Äpfel	schälen, entkernen, vierteln. Die gewölbte Seite mehrmals einschneiden, mit Zitronensaft beträufeln.
3 Eier	Eiweiß vom Eigelb trennen. Das Eigelb nun mit
75 g Butter	und
75 g Zucker	cremig schlagen. Anschließend die abgeriebene Schale
1 Zitrone	sowie
75 g Milch	
500 g Magerquark	
50 g Grieß	und
1 EL Mehl	unterrühren.
2 EL Vanillezucker	mit dem Eiweiß steif schlagen, dann unter die Masse ziehen. Alles in eine gefettete und mit
Semmelbrösel	bestreute Auflaufform (etwa 30 cm Ø) geben. Die Äpfel darauf geben und
100 g Mandelplättchen	darüber streuen. Im vorgeheizten Backofen rund 35 Minuten backen. Danach den Auflauf aus dem Ofen nehmen.
2 El Aprikosenmarmelade	erwärmen und darüber gießen.
1 El Vanillezucker	überstreuen und noch 10 Minuten weiterbacken.

Mit Schlagsahne oder Vanilleeis servieren.

Die Möve am Müggelsee genießt sichtlich die letzten Strahlen der Sonne.

Einfache Waffeln nach Opa Max

250 g Zucker	und
2 – 4 Eier	mit einem Handrührgerät auf höchster Stufe schaumig schlagen.
200 g Butter oder Margarine	in kleinen Stücken dazugeben und zu einer cremigen Masse verarbeiten. Danach
500 g Weizenmehl	mit
1 Pck. Backpulver	gründlich verrühren und gemeinsam mit abgeriebener Schale von
½ Zitrone (grün)	sowie
500 ml Milch	zur vorbereiteten Masse geben und zu einem glatten Teig verarbeiten. Im Waffeleisen portionsweise goldgelb backen.

Feiertags-Waffeln nach Opa Max

250 g Zucker	und
1 Pck. Vanillezucker	
6 Eier	mit einem Handrührgerät auf höchster Stufe schaumig schlagen.
250 g Butter oder Margarine	in kleinen Stücken dazugeben und zu einer cremigen Masse verarbeiten. Danach
175 g Weizenmehl	mit
175 g Maisstärke	
125 g feingeriebene Mandeln	sowie
1 Pck. Backpulver	gründlich verrühren und gemeinsam mit abgeriebener Schale von
½ Zitrone (grün)	sowie
500 ml Milch	zur vorbereiteten Masse geben und zu einem glatten Teig verarbeiten. Im Waffeleisen portionsweise goldgelb backen.

Kreatives Vogelhaus im Heimattiergarten Fürstenwalde

Für Zwischendurch

Auf den Spuren des Bergbaus in den Rauener Bergen

Von Ingolf Pötsch, Fürstenwalde

Die Umgebung von Fürstenwalde hat ihre landschaftlichen Besonderheiten. Hier kann man alle Hinterlassenschaften der Eiszeit bewundern. Alle Teile der glazialen Serie liegen dicht beisammen. So besteht für den Wanderer die Möglichkeit, recht schnell aus dem Urstromtal der Spree in eine Endmoränenlandschaft aufzusteigen. Die Rauener Berge, Dubrower Berge, Soldatenberge und die Lauseberge können bei dem Besucher den Eindruck erwecken, dass er sich in einem Mittelgebirge mit ausgedehnten Waldbeständen befindet. Aber auch die radikalen Eingriffe des Menschen in die Natur sind zu besichtigen. Gerade der Kanalbau, der Bergbau in den Rauener Bergen und die Trockenlegung der Sumpfgebiete haben die Landschaft zusätzlich geprägt.

Im 18. Jahrhundert entdeckte man in den Rauener Bergen mehrere Braunkohlelagerstätten. Nach genaueren Erkundungen im Jahre 1829 im Schlangengrund und

Ehemalige Pferdeställe

Simon-Stollen Bad Saarow

Für Zwischendurch

am Teufelssee begann der Abbau im Jahr 1842. Das erste Schürfgesuch stellte der Maurermeister F. Schilling am 26. April 1841 beim königlichen Bergamt in Rüdersdorf. In den folgenden Jahren übernahm der Herr Conrad von Rappard dieses Grubenfeld. Mit dem Beginn des Abbaus zogen viele Berliner nach Rauen und die Einwohnerzahl des Ortes verdoppelte sich. Trotz der Arbeit blieben die vielen Bergarbeiterfamilien sehr arm. Der Abbau erfolgte bis 1924. Nach dem Zweiten Weltkrieg eröffnete man in Petersdorf noch einmal ein Abbaugebiet, welches bis ins Jahr 1950 betrieben wurde.

Die älteren Bewohner kennen sie noch: Beust-Stollen und Kühn-Stollen in Rauen sowie der Carnall-Stollen im Schlangengrund, den Simon-Stollen Bad Saarow, den Brahl-Stollen Fürstenwalde und in Petersdorf Bergliost-Glück, Grube Margarethe, Eduarts Glück und Friedrichzeche. Mit Glück kann man aber in den Rauener Bergen noch Bahndämme und Geländeeinschnitte sehen, die durch den Bergbau entstanden sind. In Füstenwalde erinnert der Straßennahme »Zur Kohlenbahn« immer noch an die Zeit des Bergbaus. In den Rauener Bergen wurde nicht nur Kohle abgebaut, sondern auch Formsande und Ton. Der Grubensee und die Tongruben in Bad Saarow sind die Hinterlassenschaften dieses Abbaus.

Bergmannsfoto aus Rauen

Das Bild zeigt die Grubenbahn vom Brahl-Stollen und den Bergmann Gustav Wolfram mit seiner Familie. Hier wurde die Grubenbahn schon elektrisch betrieben. Diese Bahn führte direkt nach Fürstenwalde und transportierte die Kohle zum Hafen ab.

Gekochter Semmelpudding

Charlotte Kleinschmidt, Schöneiche bei Berlin

125 g Butter	cremig rühren.
5 Eigelb	mit
1 EL Rum	verrühren. Dann
250 ml Milch	
60 g Zucker	
1 EL gehackte Mandeln	
250 g Semmel (gerieben, vom Vortag)	sowie
125 g Sultaninen	in die Butter einrühren.
5 Eiweiß	zu Schnee schlagen und unter die Masse ziehen. Dann alles in eine ausgebutterte Kochform füllen (höchstens zu ¾ voll, da die Masse quillt) und den Pudding im Wasserbad zwei Stunden kochen.

Aus den handschriftlichen Aufzeichnungen meiner Großmutter.

Kinder im Mosaik – eine Deatilansicht des Keramik-Ferienprojektes

Denkmal für Friedrich den Großen, den Gründer von Friedrichshagen. Er ließ das Dorf am 29. Mai 1753 anlegen und von schlesischen und böhmischen Zuwanderern besiedeln, die ihren Lebensunterhalt durch Baumwollspinnerei und Seidenraupenzucht bestritten.

Nachspeisen und Kompott

Gefüllte Äpfel

Charlotte Kleinschmidt, Schöneiche bei Berlin

4 kleine Äpfel	schälen, das Kernhaus sauber ausstechen. Die Äpfel nebeneinander in einen flachen Topf stellen. Dann jeden mit einem Viertel von
100 g Sultaninen	füllen. In die Mitte jeweils eine von
4 Mandeln (abgezogen)	stecken und
4 TL Zucker	darüber streuen.
200 ml Apfelwein	aufgießen und die Äpfel langsam weichkochen lassen.

Aus den handschriftlichen Aufzeichnungen meiner Großmutter.

Gute Eierkuchen

250 g Mehl	mit
4 Eier	
500 ml Milch	
1 EL Vanillezucker	und
1 Prise Salz	zu einem glatten Teig rühren. Anschließend etwas ruhen lassen. Als Pfannkuchen in
Öl	dünn braten.

Nach Möglichkeit den Teig einige Stunden im Voraus vorbereiten. Sie können die Eierkuchen je nach Geschmack mit Obst, Marmelade, Käse, Schinken (dann den Zucker weglassen) füllen.

Eine Gründerzeitvilla in der Villenkolonie Hirschgarten

Erkner – eine Pfälzer Kolonie

Mit freundlicher Genehmigung, in Auszügen entnommen aus: Das besondere Kochbuch, Koch- und Backrezepte von Wilma Otto

Viele Pfälzer wanderten vor 250 Jahren nach Amerika aus. Im Jahre 1757 besann sich Friedrich der Große darauf, dass seine Mark Brandenburg nur gering besiedelt war. Deshalb schickte er seine »Werber« nach Frankfurt am Main, um dort auswanderwillige Pfälzer für Brandenburg anzuwerben. Die Pfälzer überlegten nicht lange, mussten sie doch nicht nach Amerika, sondern konnten in Deutschland bleiben. Aus Odernheim, Diesenbach und aus Staudernheim kamen dann Familien mit ihren Kindern hier an. In Erkner wurden die Familien Keller, Nerschbach und Schneider auf dem Buchhorst angesiedelt. Sie durften für ihre Wohnstätten das Holz aus dem nahen Wald holen. Das so entstandene strohgedeckte Fachwerkhaus, das noch heute erhalten ist, ist unser Heimatmuseum in Erkner am Sonnenluch.

Um Erkner weben sich viele Geschichten, zumal Gerhard Hauptmann hier seine Novellen geschrieben hat und auch Fontane seine Spuren hinterlassen hat. Die Familie Bechstein hatte sich einen Sommersitz in Erkner erbaut, der heute unser Rathaus ist. Zum Bau für eine Kirche stiftete die Familie außerdem Grund und Boden, ebenso wie die drei Kirchenglocken, deren Klang an die drei Bechsteinsöh-

Die große Blumenuhr in der Friedrichstraße ist eine besondere Augenweide.

*Schild am letzten erhaltenen Maulbeerbaum –
Friedrich II. ließ einst eine Plantage mit 1500 Bäumen anlegen.*

Für Zwischendurch

ne erinnern soll. Die schwerste und tiefste Glockenstimme hat den Namen des ältesten Sohnes und heißt Edwin. Die Glocke hat die Inschrift: »Ehre sei Gott in der Höhe«. Die zweite Glocke – weniger schwer – mit einer mittleren Klanglage, heißt Carl und hat die Inschrift »Friede auf Erden«. Die dritte Glocke mit der hellsten Stimme heißt Johannes und hat die Inschrift »Den Menschen ein Wohlgefallen«. Diese drei Inschriften sind die Weihnachtsbotschaften aus dem Lukasevangelium. Die Kaiserin Auguste weihte diese evangelische Kirche in Erkner 1897 selbst ein.

Strohdächer waren hier in der Region noch bis vor 100 Jahren sehr verbreitet:
Das Strohdach zählt, wie auch das Reetdach, zu den weichen Deckungen. Es wurde aus Gründen der Brandgefahr seit dem Mittelalter in den eng bebauten Städten durch harte Deckungen wie das feuerfeste Ziegeldach verdrängt. Ein Strohdach besitzt eine Lebensdauer von etwa 15 bis 20 Jahren, bei guter Lage und laufenden Reparaturen um die 30 Jahre. Bei gleichem Aufwand ist es somit deutlich kurzlebiger als ein Reetdach. Außer bei einigen Museumsbeispielen sind heute kaum noch Strohdächer zu finden. Das liegt unter anderem auch daran, dass die Beschaffung von ausreichend langem und ungebrochenem Dachstroh kaum noch möglich ist.

Himbeer-Halbgefrorenes

400 g Himbeeren	pürieren.
50 g Zucker	mit
5 EL Wasser	4 Minuten sirupartig einkochen.
2 Eier	in einer Schüssel verrühren, in ein heißes Wasserbad setzen. Nun in einem dünnen Strahl den Zuckersirup unterrühren, die Masse dann aufschlagen.
2 El Himbeergeist	unterrühren. Die Schüssel in ein kaltes Wasserbad stellen und die Creme kalt rühren.
250 ml Sahne	steif schlagen. Zusammen mit dem Himbeerpüree unterheben. In 6 Portionsförmchen geben und etwa 4 Stunden gefrieren lassen.

Die Genezareth-Kirche in Erkner

Nachspeisen und Kompott

Kartoffeltrüffel *(ergibt 10 Stück)*

100 g weiche Butter	schaumig schlagen.
10 g Puderzucker	und
100 g flüssige weiße Kuvertüre	unterrühren.
40 ml Kartoffelschnaps	nach und nach zufügen. Nach dem Erkalten der Masse daraus Kugeln zu je etwa 15 g drehen und in
150 g flüssige Bitterkuvertüre	geben. Anschließend in
30 g Kakao	wälzen.

Rabe Rudi in der märkischen Sonne

S-Bahnhof Rahnsdorf

Nachspeisen und Kompott

Duft-Bratapfel

Am Nikolaustag sollen Bratäpfel an die Großzügigkeit des Heiligen Nikolaus erinnern und die Geldbeutel und Goldklumpen symbolisieren, die der Bischof an arme Leute verschenkte. Früher gehörten am Nikolausabend Bratäpfel unbedingt in jede Stube.

4 Äpfel (säuerliche, feste Sorte, z.B. Boskop)	vom Apfel einen Deckel abschneiden. Mit einem Apfelausstecher (ich verwende einen Kugelausstecher »Parisiennes-löffel«) das Kerngehäuse ausstechen. Die Äpfel von innen mit
1 TL Zitronensaft	beträufeln.
60 g Zucker	mit
Zimt	nach Geschmack mischen und zusammen mit etwas
Butter	in die Öffnung geben. Jeden Apfel in Alufolie einwickeln und in eine Auflaufform setzen. Den Ofen auf 175 °C vorheizen. Bratäpfel auf der mittleren Schiene etwa 40 Minuten backen.

Dazu passt Vanillesauce, ich fülle den Apfel auch gerne mit Preiselbeerkonfitüre. Wer einen Kaminofen in der Wohnung hat, kann es ruhig so machen wie zu Großmutters Zeiten und die vorbereiteten Äpfel in einer Auflaufform auf den Ofen stellen. So dauert es zwar wesentlich länger bis der Bratapfel gar ist, als im modernen Backofen, aber der Duft und die Vorfreude ...

Spreeblick

Elch Hilla ist das größte Tier im Heimattiergarten Fürstenwalde.

Nachspeisen und Kompott

Holundermus

Ungewöhnlich lecker und dabei wirksam gegen Halsschmerzen, hervorragend gegen Erkältungen und sogar gegen grippale Infekte.

1 kg vollreife Holunderbeeren	waschen, entstielen. Mit
250 ml Wasser	aufkochen, bis sie platzen und anschließend durch ein feines Sieb streichen. Mit
500 g Zucker	
1 Msp. Bourbonvanille	und der abgeriebenen Schale
1 Zitrone	unter Rühren aufkochen. 5 bis 10 Minuten bei geringer Hitze köcheln lassen. Heiß in ausgekochte, noch warme Gläser füllen und sofort luftdicht verschließen. Geöffnete Gläser im Kühlschrank aufbewahren und rasch aufbrauchen.

Schmeckt sehr lecker auf Stullen, als Nachtisch mit Sahne, zu Waffeln, in Quark, in Joghurt, zu Pudding. Oder einfach so naschen. Sie können nach Herzenslust variieren, zum Beispiel mit Zimt würzen oder Apfel- und Birnenstückchen mitkochen. Gutes Gelingen oder auch gute Besserung!

Naturspielplatz in Alt Müggelheim am Rande der Köpenicker Bürgerheide

Der Köpenicker Altstadtlauf und das Müggelseeschwimmen, organisiert von der Turngemeinde in Berlin 1848 e.V., zieht jährlich hunderte Teilnehmer an.

Rote Grütze

200 g Himbeeren	und
250 g rote Johannisbeeren	von den Rispen zupfen.
200 g Brombeeren	
50 g Blaubeeren	alle Beeren waschen. Danach in einem Sieb abtropfen lassen. Anschließend mit
250 ml Kirschsaft	
250 ml Wasser	sowie
100 g Zucker	aufkochen.
50 g Honig	und
25 g Speisestärke	in einem Schälchen mit
2 EL Wasser	anrühren. In die Grütze einrühren und damit andicken.

Dazu passen Vanillesauce, Joghurtcreme oder cremiges Eis.

Gründerzeit-Villa in Hirschgarten

Imkerei im Schrebergarten

Nachspeisen und Kompott

Rhabarber-Joghurt-Schichtdessert

100 g Löffelbiskuits	in kleine Stücke brechen.
60 g Haferflocken	in einer beschichteten Pfanne zusammen mit
60 g Walnüsse (gehackt)	goldbraun rösten.
250 g Rhabarber	waschen, putzen in Stücke schneiden. Mit
100 ml Wasser	und
80 g Zucker	aufkochen und rund 5 Minuten garen.
250 g Speisequark (40%ig)	mit
200 g Joghurt	und
1 EL Honig (flüssig)	glatt rühren. Das Rhabarberkompott abwechselnd mit Löffelbiskuit und den gerösteten Haferflocken/Walnüssen in hohe Gläser schichten, dabei mit der Creme abschließen und kurze Zeit kalt stellen.

Rhabarber-Gemüse?

Wussten Sie schon, dass Rhabarber kein Obst, sondern Gemüse ist? Rhabarber gehört zu den Knöterichgewächsen. Man sollte darauf achten, möglichst junge Pflanzen zu essen. Mit der Zeit entwickelt die Pflanze mehr und mehr Säure. Je älter der Rhabarber ist, desto höher ist die Konzentration an Oxalsäure. Als Freilandgemüse wächst er nur in der Zeit von April bis Juni. Die Ernte endet kurz nach der Sommersonnenwende am Johannistag, dem 24. Juni, zeitgleich mit dem Spargel. Genießen können Sie das Gemüse mit dem süß-säuerlichen Geschmack als selbst gemachtes Kompott, als Fruchtaufstrich oder als saftigen Rhabarberkuchen.

Fleißige Biene bearbeitet Löwenzahn.

Nachspeisen und Kompott

Zitronencreme

Marco Ostwald, Fürstenwalde

4 Blatt Gelatine	in
6 – 8 EL Wasser (kalt)	verrühren und quellen lassen. Inzwischen
4 Eigelb	mit
6 EL Zucker	schaumig schlagen. Saft und abgeriebene Schale von
2 Zitronen	zugeben, weiter gut verrühren. Die gequollene Gelatine mit
200 ml	heißes Wasser aufgießen und verrühren, bis sie sich vollständig aufgelöst hat. Tropfenweise in die Eiermasse geben und weiter gut verrühren.
4 Eiweiß	steif schlagen und vorsichtig unter die Masse heben, in Gläser füllen und mindestens 30 Minuten kalt stellen.

Zitronencreme – hierzulande auch Zitronenspeise genannt – gehört bei vielen Familien zum Festtagsmenü unbedingt dazu.

Fürstenwalde gibt hier die perfekte Kulisse für eine Advents-Fernsehaufzeichnung des RBB Zipp.

Ausflugsdampfer auf der Müggelspree

Curry-Paprika-Chutney

150 g Zwiebeln	in kleine Würfel schneiden und in
30 ml Erdnuss-Öl	anschwenken.
1 TL Curry	und
50 g Zucker	kurz mitrösten.
300 g gelber Paprika (geröstet, abgezogen)	in feine Würfel schneiden, dazugeben und mit
50 ml Balsamico-Essig	ablöschen.
100 ml Orangensaft	auffüllen und mit
Chili (geschrotet)	
Pfeffer (bunt, geschrotet)	sowie
Salz	abschmecken. Etwa 10 Minuten köcheln lassen, anschließend mixen und passieren.

Bunte Vielfalt an Kochutensilien auf dem Wochenmarkt

Für Zwischendurch

Sauce, Soße, Tunke ... ist das halbe Essen

*Wenn ein Architekt einen Fehler macht,
lässt er Efeu darüber wachsen ...
Wenn ein Arzt einen Fehler macht,
lässt er Erde darauf schütten ...
Und wenn ein Koch einen Fehler macht,
gießt er ein wenig Sauce darüber und sagt,
dies sei ein neues Rezept ...*

Paul Bocuse (frz. Koch, geb. 1926)

Das Wort »Soße« leitet sich ab von Brühe (lateinisch: salsa), was soviel wie gesalzene Brühe heißt. Köche sprechen meistens von Sauce – ich auch, vielleicht weil die Liebe zu guter Sauce ihren Ursprung in Frankreich hat. Schon im Mittelalter gab es dort unzählige Rezepturen für gute Saucen.

Während meiner Ausbildung legte man besonders großen Wert auf das Erlernen der Saucenherstellung. Den »Feinschliff« in Sachen Saucen bekam ich im Berliner Palasthotel, hier war die Sauce eine absolut ernste Angelegenheit. Nicht ein Koch kümmerte sich um die »perfekte Sauce«, sondern ganze Kochbrigaden waren daran beteiligt. Jede Nacht wurden in der großen Hauptküche 80 Liter Lammjus, Wildjus und Grand Jus angesetzt und über acht Stunden gekocht. Am nächsten Tag wurden daraus dann in den verschiedenen Restaurantküchen des Hotels die speziellen Saucen gekocht. Nach dem Passieren, Reduzieren, Montieren und Veredeln wurde jede Sauce mit einen Passiertuch noch einmal passiert und weiter veredelt. Pünktlich zum Geschäftsbeginn 11 Uhr kam der Küchenchef oder Küchendirektor und verkostete alle Saucen. War eine Sauce nicht perfekt, musste sie erneut fertig gestellt werden. Das Gericht wurde so lange nicht verkauft, bis die Sauce endlich perfekt war.

Alte Kochmaschine im Heimatmuseum Mönchswinkel

Saucen und Gewürze

Himbeer-Mandel-Chutney

Himbeeren – diese vitamin- und mineralstoffreichen Früchte halten die Verdauung in Schwung und enthalten viel Biotin, das für schöne Haut und Haare sorgen soll. Himbeeren können den Glücksbotenstoff Serotonin aktivieren. Die Mineralien in der Himbeere wirken sich positiv auf den Blutdruck aus, das enthaltene Vitamin C stärkt das Immunsystem. In der Küche ist die Himbeere ein Tausendsassa, überall kann sie eine Haupt- oder Nebenrolle einnehmen – zum Beispiel als fruchtiges Salatdressing (Rezept S. 149), zu Naturjoghurt, Vanilleeis und Müsli, in einer Bowle oder in einem Glas Sekt und immer ein Highlight: pur in den Mund.

50 ml Balsamico-Essig	mit
100 g Zucker	aufkochen.
200 g Himbeeren	darin kochen.
2 TL Rosinen	sowie
16 Mandeln (geschält)	fein hacken und zu den Beeren geben.
2 cm Ingwerwurzel	schälen, reiben, dazugeben. Mit
½ TL Chilipulver	und etwas
Salz, Tabasco	abschmecken. Zu einer Konfitüre dick einkochen, in kleine Gläser füllen und verschließen.

Faszinierend ist diese »Ruine« einer tausendjährigen Eiche in Schöneiche.

Saucen und Gewürze

Heringsbutter – Brotaufstrich

Brigitte Kleinschmidt, Schöneiche bei Berlin

Im Mittelalter wurden Gläser für den Transport in Butterfett eingegossen. So konnte schon ein Fass vom Wagen rollen, ohne dass die Gläser gleich kaputt waren. »Alles in Butter« heißt deshalb so viel wie »Alles sicher«.

4 – 6 Salzheringe	etwa 24 Stunden wässern. Gräten und Haut entfernen, würfeln.
500 g Butter	schaumig rühren.
1 Zwiebel	fein hacken, mit den Heringswürfeln zur Butter geben.
1 Eigelb	dazugeben, mit etwas
Salz, Pfeffer	abrunden.

Schmeckt besonders gut zu geröstetem Mischbrot und kann mit frischen Kräutern verfeinert werden.

Der Rauhfutterspeicher in Schöneiche ist der einzig erhalten gebliebene im Land Brandenburg. Friedrich Wilhelm I., der Soldatenkönig, ließ diese überall im Lande errichten.

Saucen und Gewürze

Sauce Hollandaise

Die Sauce wurde schon im 17. Jahrhundert in der Normandie kreiert. In dem französischen Ort Isigny-sur-Mer, welcher schon damals bekannt war für seine ausgezeichnete Butter, war die Hollandaise unter »Sauce Isigny« und auch als duftende Sauce bekannt. Während des Ersten Weltkrieges kam die Butterproduktion in Frankreich zum Erliegen und die Butter musste aus Holland importiert werden. Die traditionelle »Butter«-Sauce wurde fortan »Hollandaise« genannt und so ist es bis heute geblieben.

4 EL Wasser	zusammen mit
2 EL Schalottenwürfel	
4 EL Weißwein	auf ein Drittel der Menge einkochen und abkühlen lassen. Diese Reduktion mit
3 Eigelb	verrühren und im Wasserbad bis zu einer Temperatur von etwa 65 °C cremig schlagen.
250 g Butter	zerlassen und etwas abkühlen lassen. Die warme (nicht heiße) Butter zuerst tröpfchenweise, dann etwas schneller unterschlagen. Dabei auf jeden Fall ununterbrochen rühren, damit eine homogene Sauce entsteht. Mit
1 TL Zitronensaft	
Salz, Pfeffer	abschmecken.

Die Herstellung der Hollandaise – auch als echte Sauce bezeichnet – und seiner Ableitungen ist die Königsdisziplin jeder Kochausbildung. Es gibt unzählige klassische Ableitungen dieser Sauce:

Sauce mousseline (Schaumsauce): *Zitronensaft und geschlagene Sahne unterheben – serviert zu gedünstetem Fisch und Gemüse*

Sauce maltaise (Malteser Sauce): *Saft von reifen Blutorangen und die geriebene Schale einer Orange unterheben – serviert zu Spargel, Hähnchen, Fisch*

Sauce dijonnase (Dijonsauce): *Dijonsenf und geschlagene Sahne unterheben – perfekt zu gekochtem Fisch und Eiern*

Sauce choron: *mit Tomatenmark oder Tomatenpüree verfeinert*

Saucen und Gewürze

Himbeerdressing

170 g Himbeeren
120 ml Apfelessig
120 ml Sonnenblumenöl
3 EL Nussöl oder Kürbiskernöl
3 EL Zucker
1 EL Senf
Salz, Pfeffer

sowie und in ein Gefäß geben und mit dem Mixstab pürieren, mit abschmecken.

Passt gut zu Feldsalat und Walnusskernen.

Mit sehr dünn geschnittenem Schinken, Schwarzbrotcroûtons ein leichtes Sommergericht.

Wasserflugzeug auf dem Wernsdorfer See

»Guck in die Luft«

Die Kochmütze – das Geheimnis der 99 Falten

Allgemein wird angenommen, ein Haar in der Suppe soll Ursache dafür gewesen sein, dass den Köchen ein Hut verordnet wurde. Doch es war weit dramatischer. 1727 entdeckte der englische König George II. in seinem gefüllten Suppenteller eine Kopflaus. Seit diesem Tag durften seine Köche nur noch mit Haube an den Herd. Und um die königliche Angst vor weiteren unliebsamen Suppeneinlagen zu beheben, mussten sie sich sogar die Köpfe kahl scheren. Diese Maßnahme hat sich glücklicherweise nicht allgemein durchgesetzt, anders als die küchentypische Kopfbedeckung.

Natürlich gibt es, wie bei Anekdoten stets der Fall, auch andere Theorien über die Entstehung der hochragenden Kochmütze. Einige Historiker verweisen auf die Assyrer als Erfinder der Kochhüte. Als die Könige ihren treuen Köchen (treu = keine Giftanschläge planend) zum Dank für die Loyalität kronenähnliche Kopfbedeckungen zugestanden. Ihren Durchbruch erlebte die steile Kochmütze mit der großen Politik des 19. Jahrhunderts und dem großen Carême. Der König der Köche und Koch der Könige begründete die »Grande Cuisine Française« und setzte den Standard für

Kochmütze von anno dazumal

den Hut der Kochprofis. Beim Wiener Kongress kochte Antoine-Marie Carême (1784 bis 1833) für den britischen Außenminister Lord Castlereagh. Dem französischen Chefdiplomaten und ausgewiesenen Gourmet Talleyrand bereitete er jahrelang allerfeinste Ragouts zu. Am 30. Januar 1821, so erinnerte sich Carême, gab er der Kochmütze den finalen Touch. Da er fand, seiner Stoffmütze fehle es an Haltung, versteifte er das Innere der »Toque«, so die französische Bezeichnung, mit einem Pappring, um ihr einen majestätischeren Ausdruck zu verleihen. Dies ist historisch bewiesen. Durch die neuen Mützen konnte auch die Hierarchie in der Küche besser gezeigt werden. Die Unterköche, Sous-Chefs genannt, ließen sich mit unterschiedlich hohen Mützen leichter vom dirigierenden Chef unterscheiden. Die Kocheleven trugen weiter kappenartige Kopfbedeckungen, während besagter Carême mit seiner 45 Zentimeter hohen Super-Toque alle überragte.

Auch der »Kaiser aller Köche«, Georges-Auguste Escoffier (1847 bis 1935), legte Wert auf weiße Kochmützen und verlangte von seiner Brigade im Ritz, stets vollständige Berufskleidung zu tragen. So richtig modern wurden hohe, gefaltete und gestärkte Kochmützen erst gegen Ende des Ersten Weltkriegs. Es hieß, die vielen Falten symbolisierten die mehr als 100 Arten, in denen ein Koch ein Ei kochen kann.

Einladung auf dem Mittelaltermarkt

Saucen und Gewürze

Kleinschmidts Nudelsauce

1 Zwiebel	sowie
200 g Jagdwurst	klein würfeln, in etwas
Öl	anbraten, zur Seite stellen. Aus
50 g Butter	und
100 g Mehl	eine Mehlschwitze zubereiten.
800 g passierte Tomate	zugeben.
1 l Brühe	hinzufügen, unter ständigen Rühren köcheln lassen mit
Salz, Pfeffer	abschmecken. Die gebratene Jagdwurst unterrühren. Nach Belieben mit
Knoblauch, Basilikum	abschmecken.

Diese Sauce reicht man zu Spaghetti, obenauf geriebenen Käse und ein gebratenes Spiegelei.

In der Böttcherei Messerschmidt in Neu Zittau bei Berlin

800 Jahre Köpenick, Fürst Jaxa von Köpenick und Mutter Lustig

Saucen und Gewürze

Mayonnaise – selbst gemacht

Selbst gemachte Mayonnaise ist ein reines Naturprodukt und wenn man ein gutes Pflanzenöl verwendet, könnte man sie auch fast als gesund bezeichnen. Eine selbst gerührte Mayonnaise ist ein wenig anders als die üblichen gekauften Mayonnaisen. Sie ist meist weniger süß und durch das Eigelb von kräftigerer Farbe. Wichtig ist, dass alle Zutaten unbedingt Zimmertemperatur haben sollten. Mit etwas Sauerrahm kann man die Mayonnaise etwas leichter machen. Mit Kräutern, Gurkenwürfelchen, klein gehackten Kapern entsteht eine Remoulade – mit Knoblauch wird sie zur Aioli.

1 Eigelb	mit
1 TL Essig	verrühren.
200 ml gutes Pflanzenöl	tropfenweise mit dem Schneebesen unterrühren. Mit
1 TL Senf	
1 TL Zitronensaft	
Salz, Pfeffer (weiß)	abschmecken.

Die Mayonnaise ist eine hervorragende Masse für pflegende Gesichtsmasken – Salz und Pfeffer dafür weglassen.

Auenlandschaft im Sommer

Dorfkirche von Neu Zittau bei Berlin

Rüdersdorfer Tscherper-Essen

Von Steffen Zwickirsch, Bergbauverein Rüdersdorf 1990 e.V.

Das traditionelle Tscherper-Essen ist eine rustikale Bergmannsmahlzeit, bestehend aus Hausschlachtewurst, Harzer Käse, Schmalz, Gurken, Brot sowie einem Bergmannsschnaps, dem so genannten Fahrschnaps. Der Bergbauverein Rüdersdorf 1990 e.V. veranstaltet ein solches Essen im Abstand von zwei Jahren zum Jahresende. Wobei das Tscherper-Essen jedoch nicht unbedingt auf Rüdersdorfer Tradition begründet ist. Namensgeber ist der Tscherper – ein Messer mit kurzer, gerader und starker Klinge, das die Bergleute stets in der Seitentasche an der Hose oder neben der Tasche am Gürtel mit sich trugen. Jeder Bergmann hatte die Pflicht, gebrochene oder beschädigte Sprossen umgehend zu reparieren, dabei half der Tscherper. Das Messer diente dem Bergmann in den früheren Jahren als Werkzeug und einziges Essbesteck, mit dem er sein Brot »über den Daumen« aß. Hiermit schnitt er Tauwerk, Gezimmer und auch seine Mahlzeiten in den Pausen.

Der Heinitzbruch

Der Tunnel zum Heinitzbruch – in den Tunneln des Kalksteintagebaus fanden die Bürger zum Kriegsende am 21. April 1945 Zuflucht und Schutz.

Saucen und Gewürze

Leichte Knoblauchbutter

6 Knoblauchzehen	pellen mit
1 TL Salz	sehr fein hacken und mit
100 g Frischkäse	verrühren. Saft und Schale von
1 Zitrone	zugeben. Die Masse mit
1 TL Sambal Oelek	unter
250 g Butter (weich)	mengen und cremig rühren.

Buttermischungen lassen sich besonders einfach zubereiten, wenn die Butter sehr weich ist. Durch den Frischkäse wird die Knoblauchbutter besonders streichzart.

Walnuss-Pesto mit Rucola

30 g Sonnenblumenkerne	und
20 g Walnusskerne	leicht rösten. Dann zusammen mit
150 g Rucola	
125 ml Rapsöl	
30 g Senf (mittelscharf)	und
Salz, Pfeffer	im Mixer pürieren.

Familienausflug auf der Müggelspree

Pausenhäuschen am Müggel-Spree-Weg

Saucen und Gewürze

Currywurst-Tunke – ein Geheimrezept

Im Oktober 2010 erstellte ich in St. Petersburg ein Deutschland-Buffet – 20 Jahre Deutsche Einheit. Auf Wunsch des Generalkonsuls sollte auch Currywurst angeboten werden. Ich war erstaunt! Currywurst? Aber warum auch nicht – Currywurst gehört zur Deutschen Esskultur. Zur Vorbereitung besuchte ich zahlreiche (Kult)-Currywurst-Adressen in Berlin und Brandenburg und versuchte das Saucenrezept herauszubekommen – aber es waren alles Geheimrezepte. Auch Nachfragen bei Kollegen im Ruhrpott führten nicht zum Erfolg. Also probierte ich so lange, bis mein »Geheim-Currysaucen-Rezept« fertig war.

Kleine Ausgabe der Neuzeller Klosterkirche St. Marien im Modellpark Berlin-Brandenburg

Beliebter Badestrand am kleinen Müggelsee

Saucen und Gewürze

2 Zwiebeln	fein würfeln, in
Olivenöl	glasig dünsten.
2 Äpfel (säuerliche Sorte)	Kerngehäuse entfernen, schälen und in Würfel schneiden, mit den Zwiebeln dünsten.
4 EL Tomatenmark	dazugeben, mit etwas Wasser ablöschen.
250 g geschälte Tomaten	sowie
2 EL Honig	
3 EL Balsamico-Essig	hinzufügen, bei kleiner Hitze leicht köcheln lassen. Der Essig darf nicht zu schnell verdampfen. Mit
125 ml Apfelessig	
1 EL Sojasauce	
2 EL Currypulver	
Chilipulver oder Cayennepfeffer	
2 EL Worcestersauce	sowie
2 EL Senf (mittelscharf)	zu einer dicken Konsistenz einkochen. Die Sauce durch ein Sieb streichen und bei Bedarf noch mit
Salz, Pfeffer	abschmecken.

Kreieren Sie Ihre eigene Currysauce – je nach Geschmack kann man mit Orangen- oder Ananassaft der Sauce eine persönliche Note geben.

Störche – ein Horst auf dem eigenen Dach soll Glück bringen.

Paddeltour auf der Spree

Saucen und Gewürze

Weiße Sauce – eine Grundsauce

40 g Butter	im Topf erwärmen.
40 g Mehl	dazugeben, durch ständiges Rühren mit einem Holzlöffel vermischen, dabei darauf achten dass das Mehl nicht bräunt.
500 g Brühe (kalt)	nach und nach dazugießen, zunächst weiter mit den Holzlöffel rühren. Sobald die Sauce glatt wird, mit dem Schneebesen weiterrühren. Die weiße Sauce muss – wie alles was mit Mehl gekocht wird – mindestens 10 Minuten leise kochen. Dann mit
Salz, Pfeffer	und
Zitronensaft	abschmecken.

Wenn man ganz sicher sein möchte, dass keine Klümpchen entstehen, so nimmt man den Topf zwischendurch vom Herd und rührt immer wieder glatt. Je nachdem, für welches Gericht die Sauce benötigt wird, kann Fleisch-, Gemüse-, Fisch- oder Geflügelbrühe verwendet werden.

Am Schlossplatz Köpenick

Denkmal zu Ehren des Rahnsdorfer Fischermeisters August Herrmann. Der Fischer hat 50 Menschen vor dem Ertrinken gerettet.

Saucen und Gewürze

Rote Zwiebelmarmelade

8 rote Zwiebeln	fein würfeln und mit
3 EL Honig	karamellisieren lassen. Mit
500 ml Rotwein	ablöschen und so lange weiterkochen, bis die Flüssigkeit fast komplett reduziert ist.
3 TL Thymian (gehackt)	sowie
2 Knoblauchzehen (fein gewürfelt)	dazugeben, mit
Salz, Pfeffer aus der Mühle	abschmecken.

Passt gut zu Käse, zu Lamm- und Schweinefilet, aber auch zu Lachs.

Salzkräuter

Je 100 g Liebstöckel, Petersilie, Thymian, Bohnenkraut, Salbei	waschen, mit einem Geschirrtuch trocknen, fein hacken und mit
1 kg Salz	vermischen.

Eine alte Konservierungsart für Kräuter ist das Mischen mit Salz. Auf diese Art lassen sich auch sortenreine Salzkräuter herstellen, zum Beispiel Thymiansalz.

Imker-Pfeife

Saucen und Gewürze

Zitronenbutter – einfach und schnell

250 g Butter (weich)	mit dem Saft und der abgeriebenen Schale von
1 Zitrone	sowie mit
Salz, Pfeffer (weiß)	abschmecken.

Sekunden-Saucen

Meerrettichsauce

150 ml saure Sahne	mit
1 TL Meerrettich	und
2 EL Wasser (heiß)	verrühren.

Kreuzkümmelsauce

150 ml saure Sahne	mit
½ TL Cumin (Kreuzkümmel)	und
2 El Zitronensaft	verrühren.

Pfeffersauce

150 ml saure Sahne	mit
1 TL Worcestersauce	
2 EL Wasser (heiß)	und
1 EL grüne Pfefferkörner	verrühren.

Diese Saucen sind ideal für gebratene Kartoffeln, Kürbis, Blumenkohl, aber auch für gegrillten Fisch oder Geflügel.

Russische Lebensweisheit

Für Zwischendurch

Abenteuer Einkaufen im »Russenmagazin«

Beliebt und auch ein bisschen Abenteuer war der Einkauf im »Russenmagazin«. Dies war die landläufige Bezeichnung für Verkaufseinrichtungen der sowjetischen Streitkräfte in der DDR. Meist befanden sich diese Geschäfte in der Nähe des Kasernengeländes. Dort konnten auch DDR-Bürger Lebensmittel und Gebrauchsgüter einkaufen. Ich erinnere mich – die Russen mussten genauso anstehen wie wir, alle wurden freundlich bedient und keiner bevorzugt, wahrscheinlich der einzige Ort Deutsch-Sowjetischer Freundschaft im realsozialistischen Leben.

Für uns war es immer eine besondere Überraschungs-Einkaufsfahrt – denn dort gab es auch mal Halberstädter Würstchen oder Radeberger Bier, aber auch wertvolles Porzellan und Teppiche. Noch immer wird von dem Ehepaar erzählt, welches im »Russenmagazin« einen großen, handgeknüpften Teppich für wenig Geld erworben hatte. Erst zu Hause stellten die beiden beim Aufrollen des Teppichs fest, dass sich in der Mitte ein riesiges Leninporträt befand.

Kartoffelrestaurant in St. Petersburg

»Original Russisch Brot«

Kuchen, Torten und Gebäck

Apfelstrudel

Der Strudelteig

150 g Weizenmehl	mit
1 Prise Salz	
75 ml Wasser	sowie
1 EL Rapsöl	verkneten und zu einer Kugel formen. Auf einen gefetteten Teller setzen und 1 Stunde ruhen lassen.

Die Apfelfüllung

4 Äpfel (Boskop)	schälen, in grobe Stücke schneiden. Das Mark von
½ Vanilleschote	auskratzen und die Zutaten mit
1 Prise Zimt	
20 g Zucker	
1 EL süße Biskuitbrösel	und
1 cl Rum	vermengen.

Die Fertigstellung

	Den Strudelteig auf ein mit
Mehl	bestäubtes Küchentuch setzen und grob in eine flache Form drücken. Den Teig flach ausrollen, mit den Händen ziehen, bis er eine hauchfeine Struktur erhält. Die Füllung auf dem vorderen Drittel des ausgerollten Teiges verteilen. Seitliche Kanten zur Mitte aufschlagen und den Strudel mit Hilfe des Tuches gleichmäßig aufrollen. Den Strudel mit der Teignaht nach unten auf ein Backblech mit Backpapier setzen. Bei 175 °C (Umluft) etwa 20 Minuten backen. 5 Minuten vor Ende der Backzeit den Teig mit
1 EL Butter (zerlassen)	einpinseln. Den Strudel etwas abkühlen lassen und mit
1 EL Puderzucker	bestäuben.

*In der evangelischen Kirche
Zum Guten Hirten in Grünheide*

Kuchen, Torten und Gebäck

Hippengebäck

180 g weiches Marzipan	mit
65 g Eiweiß	glatt rühren.
100 g Puderzucker	mit
60 g Mehl	sowie
1 Prise Salz	mischen und unter das Marzipan rühren. Den Teig vor dem weiteren Gebrauch 1 Stunde ruhen lassen. Den Teig dann mittels einer Schablone dünn auf Backpapier aufstreichen, bei 180 °C etwa 5 Minuten backen.

Sofort nach dem Backen können die Hippen noch einige Sekunden geformt werden. Anschließend werden Sie fest und damit knusprig. Schablonen sind schnell gemacht – aus einer Kunststoffverpackung einfach ein Herz ausschneiden.

Das Altstadtcafé Cöpenick –
die erste Adresse für Kaffeehauskultur

»Windspargel«
in der Morgensonne

Hermann-Kuchen – vom brüderlichen Teilen

Von Bäckerobermeister Wolfgang Scharmer, Hangelsberg

Eine Tasse mit Weizensauerteig – auch einfach Hermann genannt – verschenkte man früher gern an Freunde, Bekannte und Nachbarn. Daraus wurde dann ein besonders guter Kuchen gebacken. Hermann wurde meist mit einem Blatt Papier – dem »Hermann-Brief« weitergegeben, auf dem folgendes zu lesen ist:

»Bewahre Hermann in einem hohen, nicht ganz dicht verschlossenen, nichtmetallischen Gefäß im Kühlschrank auf. Hermann muss jeden Tag umgerührt werden, denn Hermann will hoch hinaus. An dem Tag, an dem du Hermann bekommst, also am 1. Tag, gönnst du Hermann Ruhe – 2. Tag: Umrühren; 3. Tag: Umrühren; 4. Tag: Umrühren; 5. Tag: in ein größeres Gefäß umfüllen und füttern mit: 1 Tasse Mehl, ½ Tasse Zucker, 1 Tasse Milch – dann gut verrühren. 6. Tag: Umrühren; 7. Tag: Umrühren; 8. Tag: Umrühren; 9. Tag: Umrühren; am Backtag (10. Tag) füttere ihn mit: 1 Tasse Mehl, 1 Tasse Zucker, 1 Tasse Milch – dann gut verrühren. Nun geht es an das brüderliche Teilen: Teile Hermann in 4 gleiche Teile (à 200 g). Brüderlich bedeutet: 2 Teile sind zum Weiterschenken, 1 Teil zum Einfrieren auf Vorrat und 1 Teil für dich zum Backen deines Hermannkuchens.

Solltest du keinen lieben Menschen finden, der dir den Ansatz des Teiges schenkt, verraten wir nun das traditionelle Rezept:

Radioreporterin Marina Ringel und Torsten Kleinschmidt

Brandenburger Geburtstagsbrote

Kuchen, Torten und Gebäck

Ansetzen des Hermann

100 g Weizenmehl	in eine verschließbare, nicht metallische Schüssel sieben. Mit
1 EL Zucker	und
½ Pck. Trockenhefe	vermengen.
150 ml Wasser (lauwarm)	dazugeben. Mit einem Rührlöffel aus Kunststoff von der Mitte heraus zu einem glatten Teig verrühren. Die Schüssel verschließen. Diesen Teigansatz 2 Tage an einem warmen Ort gehen lassen. Hin und wieder kurz verrühren. Am 3. Tag für 24 Stunden in den Kühlschrank stellen.

Nach dem 3. Tag beginnt der »1. Hermann-Tag«. Das bedeutet, Hermann ist geboren, du kannst ihn nun weiter verschenken oder selbst weiter pflegen, wie im Hermann-Brief beschrieben.

Ministerpräsident Matthias Platzeck im Gespräch mit Bäckerobermeister Wolfgang Scharmer

Bäckerobermeister Wolfgang Scharmer beim Schaubacken

Kuchen, Torten und Gebäck

Feiner Apfelkuchen

Jacqueline Schöne, Petershagen

Die Füllung

500 g säuerliche Äpfel	würfeln und mit
75 g Zucker	
1 EL Zitronenschale	dem Saft
1 Zitrone	
1 Zimtstange	sowie
2 EL Wasser	aufkochen und abkühlen lassen.

Der Teig

200 g weiche Butter	mit
150 g Zucker	und
4 Eier	cremig verrühren.
1 EL abgeriebene Zitronenschale	sowie
200 g Mehl	dazugeben, mit
1 TL Backpulver	zu einem Rührteig verrühren. Den Teig in eine Springform geben, die Apfelmasse darauf geben und bei 175 °C etwa 40 Minuten backen.

Brandenburg – »weites Land so Nah«

Tempelartige Grabanlage an der Kirche Zum Guten Hirten in Grünheide

Kuchen, Torten und Gebäck

Berliner Pfannkuchen

Bäckerobermeister Wolfgang Scharmer, Hangelsberg

Hefeteig (Rezept S. 174)	die Hälfte der Teigmenge herstellen und mit
2 Eier	sowie etwas
Mehl	kneten. Den Teig etwas ruhen lassen und dann wieder aus der Schüssel auf einen mit Mehl bestäubten Tisch stürzen. Im Uhrzeigersinn von außen nach innen einschlagen. Den Teig etwa 1 cm dick ausrollen und mit einem Trinkglas ausstechen. In die Mitte jeweils einen Teelöffel
Pflaumenmus oder Konfitüre	geben. Den Teig mit dem Mus auf die linke Handfläche (für Rechtshänder) legen und mit der rechten Hand die Ränder zur Mitte zusammenkneifen, so dass das Mus gut eingeschlagen ist. Dann mit dem Schluss nach unten auf ein Tuch legen, mit einem zweiten Tuch abdecken und gehen lassen. In einem hohen Topf reichlich
Schmalz	langsam auflösen und erhitzen – es sollte nicht qualmen. Die Pfannkuchen schwimmend abbacken.

Wenn man einen feuchten Holzstab in das erhitzte Schmalz hält und es brodelt, so ist das Fett heiß genug (etwa 140 °C).

Ein alter Schleifstein

Kuchen, Torten und Gebäck

Kokosecken

Birgit Arendt, Frankfurt Oder

Meine Mutter bäckt diese Ecken meist in der Vorweihnachtszeit oder auch zu Familienfeiern. Mittlerweile ist es auch bei mir zur Tradition geworden. Man benötigt dafür ein normales Blech mit einem möglichst hohen Rand.

Der Mürbeteig

250 g Butter	mit
250 g Zucker	
500 g Mehl	
6 Eigelb	
1 Pck. Vanillezucker	sowie
1 Pck. Backpulver	zu einen Mürbeteig kneten. Anschließend auf dem Blech gleichmäßig ausrollen.
500 g rote Marmelade	auf den Teig streichen.

Die Kokosmasse

6 Eiweiß	mit
250 g Zucker	schaumig schlagen.
250 g Kokosflocken	unterrühren. Diese Masse über der Marmelade gleichmäßig auftragen. Bei 170 °C etwa 25 bis 30 Minuten goldbraun backen. Das Blech dann 1 bis 2 Tage stehen lassen. Der Kuchen wird dann in etwa 5 cm breite Streifen geschnitten, aus denen dann Quadrate geschnitten werden und diese zu Dreiecken. An den Schnittkanten werden diese Ecken in
600 g Schokoladenkuvertüre	getaucht. Die fertigen Ecken benötigen dann nur noch wenige Minuten auf Backpapier liegend zum Härten der Kuvertüre.

Beim Eintauchen fallen immer viele Krümel in die Schokoladenkuvertüre. Ich erwärme daher kleinere Mengen, nehme dann den verkrümelten Rest und vermenge ihn mit weiteren Krümeln vom Blech oder auch mit Nüssen, Kokosraspeln oder Rosinen und stelle daraus Schokokonfekt auf Oblaten her.

Kuchen, Torten und Gebäck

Orangenplätzchen *(ergibt 30 Plätzchen)*

100 g Zartbitterschokolade	fein reiben, mit
125 g weiche Butter	
100 g brauner Zucker	sowie
1 Prise Salz	cremig verkneten. Anschließend
1 Ei	und
2 TL Orangenschalenabrieb	untermischen.
200 g Mehl	darüber sieben und alles zu einem glatten Teig verkneten. Den Teig zu einer Kugel formen, in Klarsichtfolie wickeln und etwa 1 Stunde in den Kühlschrank legen. Den Teig dann portionsweise etwa 3 mm dünn ausrollen, Plätzchen ausstechen. Die Kekse auf ein Blech mit Backpapier legen und im vorgeheizten Ofen (200 °C, mittlere Schiene) etwa 10 Minuten backen.
100 g Puderzucker	mit
2 – 3 EL Orangensaft	glatt rühren, in einen Gefrierbeutel füllen, eine kleine Ecke abschneiden und die Plätzchen am Rand mit der Glasur nachzeichnen.

Dorfkirche in Spreenhagen

Vom Müggelturm hat man einen fantastischen Rundumblick über den Müggelsee.

Für Zwischendurch

Die Pfannkuchen-Story – eine »Berliner« Erklärung

Von Bäckerobermeister Wolfgang Scharmer, Stefan Schütter und Torsten Kleinschmidt

Bei uns heißen die runden, mit Pflaumenmus oder Marmelade gefüllten Dinger schon immer Pfannkuchen. Da auch in der gesamten DDR dieses Gebäck als Pfannkuchen bezeichnet wurde, war es für mich eine neue Erkenntnis, dass sie in anderen Regionen »Berliner« genannt werden. Selbst gebackene Pfannkuchen gehören im Berliner Umland zum festen Bestandteil jeder Familienfeier. Ein alter Brauch: An Silvester werden einige Pfannkuchen mit Mostrich (Senf) gefüllt, denn das soll Glück bringen.

Die bekannteste Version der Entstehungsgeschichte dieses Siedegebäcks berichtet davon, dass ein Berliner Zuckerbäcker die Pfannkuchen im Jahr 1756 erfunden hat. Der Mann wollte während des Siebenjährigen Krieges als Kanonier unter Friedrich dem Großen dienen, war aber wehruntauglich. Da er jedoch als Feldbäcker beim Regiment bleiben durfte, entwickelte er aus Dankbarkeit die ersten Pfannkuchen – runde Hefeteigstücke in Form von kleinen Kanonenkugeln, die er in Pfannen mit heißem Fett über dem offenen Feuer buk. Aufgrund der Herkunft des Bäckers, wurde das Gebäck bald nur noch Berliner genannt.

Alte Gugelhupf-Backformen aus Steingut

Für Zwischendurch

Eine einheitliche, deutschlandweite Bezeichnung gibt es wohl nicht. Die Grenze, wenn man sie denn so nennen will, zwischen »Berlinern« und »Pfannkuchen« verläuft grob zwischen den alten und den neuen Bundesländern. Nicht nur in Berlin, sondern auch in weiten Teilen Ostdeutschlands von Vorpommern bis Thüringen und Sachsen, spricht man von Pfannkuchen. In Norddeutschland, beginnend in Mecklenburg, über Schleswig-Holstein und Niedersachsen bis nach Westfalen und ins Rheinland hinein sowie in Teilen der Pfalz, im westlichen Baden-Württemberg, im Saarland und in der deutschsprachigen Schweiz ist das Siedegebäck dagegen als »Berliner« bekannt. Darüber hinaus existieren aber auch zahlreiche nur regional verbreitete Synonyme. In Aachen spricht man von »Puffeln«, im Ruhrgebiet von »Berliner Ballen« und in Süddeutschland, vor allem in Bayern, im Osten Baden-Württembergs und in Österreich von »Krapfen«. In Hessen, Rheinhessen, Westthüringen und Schlesien dagegen nennt man sie »Kreppel« oder »Kräppel«. Insbesondere zur Fastnachtszeit ist in Südwestdeutschland auch der Begriff »Fasnachtsküchle« geläufig.

Die Krapfen verdanken ihren Namen übrigens der Wiener Zuckerbäckerin Cäcilie Krapf, die bereits um das Jahr 1690 in ihrem Laden schmackhafte Teigkugeln, gefüllt mit eingemachten Früchten, herstellte. Und auch im Ausland gibt es landestypische Bezeichnungen für Berliner, in Polen heißen sie »Paczki«, in Portugal »Bola de Berlin«, in Frankreich »Boule de Berlin« und in England »Jelly Doughnut«. Und die Finnen essen gerne einen »Berliininmunkki« – einen »Berliner Mönch«.

Alte Kaffeemühlen

Kuchen, Torten und Gebäck

Aus einem Notkochbuch von 1941

Aus den Aufzeichnungen einer Schöneicher Familie, gefunden auf den vergilbten Zetteln in einem Notkochbuch

Füllung für Hefekuchen

200 g Kartoffeln (gekocht)	mit
100 g Zucker	sowie etwas
Kakao	gut vermischen.

Kartoffelkekse

300 g Weizenmehl	mit
200 g Kartoffeln (gekocht)	
4 EL Milch	
10 – 150 g Zucker	
20 g Fett	sowie
1 Fläschchen Mandelaroma	zu einem Teig verkneten, ausrollen und ausstechen. Bei 180 °C etwa 15 Minuten backen.

Falsches Marzipan

500 g Puderzucker	mit
4 EL Milch (lauwarm)	gut verrühren und kalt werden lassen.
1 EL Butter	sowie
1½ Fläschchen Bittermandelaroma	untermischen und langsam
500 g Grieß	einrühren. Dann etwa 30 Minuten stehen lassen. Nun Kugeln formen und in
Kakao	wälzen.

Getreideähre

Kuchen, Torten und Gebäck

Likör

500 g Zucker	in der Hälfte von
700 ml Rotwein	auflösen – dabei auf kleiner Flamme lauwarm werden lassen. Dann den restlichen Wein sowie
3 Fläschchen Rumaroma	
4 cl Weizenkorn	untermischen, abkühlen lassen und auf Flaschen füllen.

Marzipankartoffeln ohne Marzipan

300 g feiner Grieß	mit
100 g Zucker	
4 EL Margarine (heiß, flüssig)	
1 Fläschchen Bittermandelaroma	
2 EL Milch	unter Wärmezufuhr verkneten. Kleine Kugeln formen und in
Kakao	wälzen.

Schlagsahne-Ersatz

1 Tasse Zucker	mit
1 Tasse Apfelsaft	und
1 Eiweiß	zusammen aufschlagen.

Fürstenwalde Eisenbahnstraße

Kuchen, Torten und Gebäck

Hefeteig – unser Familienrezept

Bäckerobermeister Wolfgang Scharmer, Hangelsberg

In einem alten Buch habe ich folgenden Rat gelesen: »Das Wichtigste ist, dass ich während des Knetens wütend bin. Dann schlage ich, knete ich alle meine Wut in den Teig, und wenn er fertig ist, kann er sich auf der Tafel des Königs sehen lassen. Er wird leicht wie eine Daunenfeder und zerfließt förmlich im Mund. Und obendrein bin ich meine Wut losgeworden.«

1 kg feines Weizenmehl (Type 405)	in eine Schüssel geben, in der Mitte eine Mulde formen und darin
80 g Hefe	mit etwas
Milch	lösen und mit ein wenig Mehl vom Rand zu einem dünnen Brei verrühren mit Mehl abdecken. Etwa 20 bis 30 Minuten an einem nicht zu warmen Ort stehen lassen. An einer Seite der Schüssel
120 g Zucker	
120 g Butter	und
10 g Salz	mit etwas Mehl verkneten und an der Seite belassen. Noch
500 ml Milch	in die Mitte zum Hefestück geben und von der Mitte aus zu einem Teig zu verrühren. Kräftige reibende Bewegungen stabilisieren den Weizenkleber. Weiter kneten, bis der Teig anfängt sich vom Rand der Schüssel zu lösen. Den Teig mit einem Tuch abdecken und 10 bis 15 Minuten stehen lassen. Nun etwas
Mehl	auf einen Tisch oder eine Holzplatte geben, den Teig aus der Schüssel darauf stürzen. Von außen nach innen einschlagen, den Teig noch etwas gehen lassen.

Den Teig je nach Belieben zu Kuchen, Milchbrötchen oder Pfannkuchen (Berliner) verarbeiten.

Die Dorfkirche in Wernsdorf

Kuchen, Torten und Gebäck

Quark-Eierkuchen

50 g Butter	mit
80 g Zucker	und
2 Eier	schaumig rühren.
500 g Magerquark	sowie
80 g Mehl	
100 g Grieß	
Zitronenschalenabrieb	
1 Prise Salz	dazugeben und verrühren. Portionsweise mit reichlich
Öl	in der Pfanne goldbraun braten.

Dazu passen Zimt und Zucker oder saure Sahne, aber auch Kompott.

Sommerfest Wernsdorf, die Kinder lassen jedes Jahr Luftballons mit Zetteln dran aufsteigen.

Die eisernen Glocken vor der Kirche Wernsdorf

Leichte Quarktorte

Bäckerobermeister Wolfgang Scharmer, Hangelsberg

475 ml Wasser	mit
25 g Butter	
100 g Zucker	und etwas
Zitronenschalenabrieb	zum Kochen bringen.
400 g Magerquark	dazugeben, erneut aufkochen.
100 g Maisstärke	in
125 ml kaltem Wasser	lösen, unterrühren, die Masse zu einem Pudding aufkochen.
2 Eiweiß	und
100 g Zucker	zu Eischnee schlagen, unter die heiße Masse heben. Eine Form mit
400 g Mürbeteig (Rezept S. 181)	auslegen, bei 250 °C etwa 5 Minuten anbacken. Anschließend die Puddingmasse hineingeben und im heißen Ofen bei 250 °C etwa 17 Minuten abflämmen.

> *Kann mit Mürbeteig oder auch Biskuitboden zubereitet werden. Eine sehr leichte Quarktorte mit einer frischen Note, die durch den zarten Zitronengeschmack unterstrichen wird.*

Blick vom Müggelturm

Kuchen, Torten und Gebäck

Zwiebelkuchen

Der Teig

300 g Weizenmehl	mit
100 g Margarine	
100 g Milch	
25 g Hefe	sowie
1 Prise Salz	zu einem Hefeteig verarbeiten und 1 Stunde stehen lassen. In der Zwischenzeit den Belag vorbereiten – der besteht aus Brei und einer Zwiebelmasse.

Der Breibelag

	Aus
80 g Grieß	
500 g Milch	und
5 g Salz	einen Brei kochen, abkühlen lassen.

Der Zwiebelbelag

1 kg Zwiebeln	schälen, raspeln und in
100 ml Öl	schmoren (nicht braun werden lassen).

Die Zusammenstellung

	Den Teig auf einem Blech ausrollen, angehen lassen, den Brei aufstreichen, die geschmorten Zwiebeln darauf verteilen, danach
1 Ei	mit
50 g Milch	verquirlen und über die Zwiebeln gießen.
Kümmel	aufstreuen. Bei mittlerer Hitze im Ofen backen.

Zwiebel-Kunst

Kuchen, Torten und Gebäck

Weihnachtsplätzchen von Oma Ingrid

Aufgeschrieben von Lena Kleinschmidt, Neuzelle

560 g Mehl	mit
375 g Butter	
185 g Puderzucker	sowie
2 Pck. Vanillezucker	verkneten, auf einem bemehlten Brett ausrollen – nach Lust und Laune Plätzchen ausstechen. Bei 200 °C backen, bis sie etwas Farbe angenommen haben.

Teig kneten ist Meditation

Backen ist eines der sinnlichsten Adventsrituale überhaupt: Schon das Kneten von Stollen- oder Plätzchenteig streichelt die Seele – und sorgt gleichzeitig für zarte Hände. Denn auf die Haut wirkt der Teig wie eine Bio-Frischemaske aus Fetten und Lecithin. Beim rhythmischen Kneten können die Gedanken schweifen und zur Ruhe kommen wie bei einer Meditation. Vanille- oder Zimt-Aromen beruhigen dabei. Genießen Sie die Teigzubereitung bewusst und möglichst ohne Ablenkung durch Radio oder Telefon. Kneten Sie Hefeteig etwa fünf bis zehn Minuten – Mürbeteig darf höchstens zwei bis drei Minuten geknetet werden.

Müggelsee-Panorama

Zum 25-jährigen Bestehen der Kolonie Hirschgarten wurde 1895 zu Ehren des Gründers Albert Hirtes ein Obelisk errichtet.

Kuchen, Torten und Gebäck

Stachelbeer-Schnitten

Der Teig

200 g Butter	schmelzen.
4 Eier	trennen, Eiweiß steif schlagen. Die Eigelbe mit
180 g Zucker	schaumig rühren.
150 g Mehl	mit
1 TL Backpulver	und
100 g gemahlene Haselnüsse	mischen, mit dem Eischnee unter die Eigelbcreme heben, dann die flüssige Butter unterrühren. Ein Blech mit Backpapier auslegen, den Teig darauf verstreichen.

Der Belag

500 g Stachelbeeren	waschen.
500 ml Traubensaft	davon etwa 100 ml mit
3 EL Stärke	verrühren. Den restlichen Traubensaft mit
80 g Zucker	erhitzen. Die angerührte Stärke unterrühren, kurz aufkochen lassen. Die Stachelbeeren zugeben und 5 Minuten ziehen lassen. Die Stachelbeergrütze auf dem Teig verteilen. Im vorgeheizten Ofen bei 175 °C etwa 35 Minuten backen.
4 Eiweiß	mit
200 g Zucker	steif schlagen. Den Eischnee in einen Spritzbeutel mit Zackentülle füllen. Den Kuchen aus dem Ofen nehmen und ein Gitter aufspritzen. Nun etwa 15 Minuten weiterbacken, bis das Baiser leicht gebräunt ist.

Bunter Herbst

Kuchen, Torten und Gebäck

Schlesische Schaumbrezeln (Bögeln Beegla)

Bäckerobermeister Wolfgang Scharmer, Hangelsberg

In der Fastenzeit wurde in Schlesien gern dieses Schaumgebäck gegessen. Man buk es nicht im Haushalt, das überließ man den Bäckern – alle Bäcker stellten es her und verkauften es. In den Jahren vor und während des Krieges kostete die Brezel 2 Pfennige, für 2 Reichsmark hatte man 100 Stück. Ich habe das Backen der Schaumbrezeln bei meinem Großvater gelernt.

3 Eier	und
80 g Zucker	kalt und sehr gut schaumig schlagen.
125 ml Milch	dazugeben.
½ Pck. Vanillinzucker	und
400 – 500 g Mehl	hinzufügen, dass ein nicht zu fester Teig entsteht. Aus dünnen Teigrollen Brezeln oder Kringel formen, auf einem bemehlten Blech trocknen lassen. Die Brezeln in kochendes
Wasser	geben, erhitzen, bis sie aufschwemmen, dann mit einem Schaumlöffel herausnehmen.
100 g Hirschhornsalz	in
5 l Wasser (kalt)	auflösen, die Brezeln etwa 10 Minuten hineingeben. Dann über Nacht zwischen feuchte Tücher legen und am nächsten Tag auf unvorbereiteten Blechen bei 200 °C hellbraun backen. Dabei gehen sie stark auf und werden glatt.

Lange Brücke Köpenick

Kuchen, Torten und Gebäck

Schneller Aprikosenkuchen

Jacqueline Schöne, Petershagen

125 ml Sahne	mit
150 g Zucker	
4 Eier	
1 EL abgeriebene Zitronenschale	
250 g Mehl	sowie
1 TL Backpulver	verrühren.
500 g Aprikosen	würfeln (nicht zu klein) und in den Teig geben. Dann in eine Springform füllen und bei 175 °C (Ober- und Unterhitze) etwa 40 Minuten backen.

Der Obstkuchen lässt sich auch sehr gut mit Pfirsichen, Mandarinen oder Kirschen zubereiten.

Mürbeteig – Grundrezept

250 g Mehl	auf eine Arbeitsfläche sieben, eine Mulde eindrücken.
125 g Butter	in Stücke schneiden und mit
65 g Zucker	
1 Prise Salz	
1 Ei	in die Mulde geben. Alle Zutaten zu einem glatten Teig verkneten. Den Teig in eine Plastikfolie schlagen und im Kühlschrank mindestens 30 Minuten ruhen lassen. nach Belieben weiterverarbeiten.

So grün ist Berlin – Blick vom Müggelturm über den Berliner Stadtforst und den Müggelsee

Abendstimmung

Für Zwischendurch

Der Pantoffelgast

*Eine Geschichte erzählt von Otto Häuser, aufgeschrieben von Torsten Kleinschmidt:
Otto Häuser hatte diese kleine persönliche Geschichte am 27. September 2003 in Neuzelle vorgetragen.*

Ich hatte mich gut vorbereitet auf die Lesung im Europäischen Begegnungszentrum Ratzdorf. Presse und Rundfunk kündigten mein Kommen an, die Veranstaltungsleitung berichtete mir Wochen vorher, der Festsaal sei bis auf den letzten Platz bereits verkauft, sogar Gäste aus den umliegenden Städten Frankfurt und Eisenhüttenstadt seien zu erwarten. Auch mein Freund und Buchhändler nervte mich alle zwei Tage, ich solle das Datum nicht vergessen, er habe eigens für diesen Tag alle meine Bücher besorgt und hoffe auf einen guten Geschäftsabschluss.

Am 4. Mai, einem herrlichen Frühlingstag, stand er pünktlich vor meinem Gartentor im Sonntagswichs, trank rasch noch eine halbe Kanne von meinem starken Kaffee und fragte zur Kontrolle: »Hast du auch alles, deine Bücher und Manuskripte, Brille und Signierstift? Die Einladung nicht vergessen! Taschentuch, Kamm, Terminplan und vor allem gute Laune.« Er drängte zur Eile. Ich überprüfte noch Wasser- und Energieanschlüsse, warf einen letzten Blick in den Spiegel, zog den Scheitel gerade und schloss die Haustür ab. Wir sind ein eingespieltes Team, jeder kennt seine Verrichtungen, jeder kann sich auf den anderen verlassen.

Wir tauschen unterwegs wie immer die neusten Nachrichten aus und den aktuellen Klatsch über bekannte Kollegen. Dieter sprach über unseren gemeinsamen Freund und Dichter-Fürsten Hansgeorg, dem er einen Krankenbesuch abstattete. Wir erinnerten uns an jüngste Lesefahrten und köstliche Speiseangebote in einer erzgebirgischen Waldschenke und Rostocker Hafenbar. Es ist eine Lust zu reisen im kulturellen Auftrag, bei angenehmen Gesprächen.

»Wir sind da«, sagte nach zwei Stunden mein mobiler Buchverkäufer und hielt im weiten Rund des Europäischen Begegnungszentrums. Festlich gekleidete Frauen und Männer standen bereits am Eingang, ihr Antlitz spiegelte Vorfreude auf die

Bruno H. Bürgel-Schule – hier drückte ich die Schulbank. Das Gebäude ist über 100 Jahre alt, gelernt wird inzwischen in einem modernen Gebäude, heute befindet sich hier das Bauamt der Gemeinde.

Für Zwischendurch

zu erwartende Lesung. Im Vestibül der Halle wurden die Gäste mit einem Glas Sekt begrüßt, vor unserer Luxuslimousine stand das Empfangskomitee bereit, mein Freund Dieter lud die Bücherkartons auf eine Karre und ich blieb im Wagen sitzen, konnte nicht aussteigen, denn ein Nervenschock lähmte jede Bewegung. Dieter fragte besorgt: »Was ist denn mit dir los? Es ist nicht viel Zeit!«. Er öffnete mit geübter Grandezza die Wagentür und erblasste. Denn: Ich hatte keine Schuhe an – nur meine Hauspantoffel. Diese Nachricht sprach sich in Windeseile unter den ersten Gästen herum, das Begrüßungskomitee zog sich dezent zurück, hier hätte auch Lenins Standardwerk »Was tun?« nicht geholfen und einen Schuhladen gab es in dem Europäischen Dorf auch nicht. Da zog der Buchhändler kurz entschlossen seine großflächigen Botten aus und tauschte sie gegen meine Pantoffeln ein. Das nennt man Solidarität im besten Sinne des Wortes.

Meine Lesung war ein voller Erfolg. Selten wurde so viel gelacht und so lange applaudiert wie nach dieser Veranstaltung. Ich musste nur aufpassen, das ich aus den viel zu großen Schuhen meines Retters nicht auskippte.

Mohn am Feldesrand

Reinigungsmittel anno dazumal – ganz ohne Chemie

Begriffserläuterungen

Abbacken/Ausbacken	Etwas in heißem Fett schwimmend backen.
Ablöschen	Das Angießen von scharf angebratenem oder geschmortem Fleisch oder Gemüse.
Abschmecken	Eine Speise mit den Grundgewürzen Salz, Pfeffer, Zucker usw. nach eigenem Geschmack würzen.
Andünsten/Anschwitzen	Ein Lebensmittel in heißem Fett leicht rösten, ohne es zu braten. Das Lebensmittel soll nur glasig werden, z. B. Zwiebeln.
Ausbraten/Auslassen	Den Speck so lange braten, bis das Fett herausgebraten ist.
Blanchieren	Zutaten in einem Topf mit kochendem Wasser geben und kurz köcheln lassen.
Garen/Köcheln	Eine Speise sollte nicht stark kochen. Die Hitzezufuhr muss so gedrosselt werden, dass nur ein leichtes Aufsteigen von Kochblasen zu sehen ist.
Gratinieren	Das Überbacken von Speisen.
Legieren	Ist das Binden und Verfeinern von Gerichten mit Eigelb. Das Ei oder Eigelb wird mit warmer Flüssigkeit vermischt und unter ständigem Rühren in die nicht mehr kochende Speise gegeben.
Karkasse	Aus dem Französischen: Carcasse für Gerippe. Karkasse nennt man das nach dem Tranchieren meist kleinerer Tiere zurückbleibende Knochengerüst samt eventuell anhaftender Fleischreste.
Marinieren	Ist das Einlegen von Lebensmitteln in eine gewürzte Flüssigkeit, um der Speise einen besonderen Geschmack und bessere Haltbarkeit zu verleihen.
Mehlschwitze	Traditionelles Bindemittel von Suppen und Saucen (Fett zerlassen und Mehl einrühren).
Parieren	Fleisch von Fett und Sehnen befreien.
Passieren	Flüssigkeiten durch ein Sieb oder Tuch geben.
Pürieren	Ein gares Lebensmittel wird stark zerkleinert. Früher war hierfür in vielen Haushalten die »Flotte Lotte« ein beliebtes Haushaltsgerät, z. B. um Apfelmus herzustellen.
Reduzieren	Flüssigkeit fast vollständig verkochen lassen (einkochen).
Stocken lassen	Das Garen von Eiern oder Eimasse, bei mäßiger Hitze im Topf oder Wasserbad, ohne dabei das Gargut umzurühren.
Wasserbad	Ist eine Methode, um Speisen indirekt mit Hitze zu versorgen. Dabei wird der Topf mit den Speisen in einen anderen Topf mit heißem Wasser auf den Herd gestellt.
Zerlassen	Butter oder Margarine in einer Pfanne oder einem Topf bei mäßiger Hitze schmelzen, aber nicht braun werden lassen.

Maße und Gewichte

1 gestr. EL Fett	15 g	1 Liter	1000 ml / 1000 ccm		
1 gestr. EL Mehl	10 g	¾ Liter	750 ml / 750 ccm		
1 geh. EL Mehl	15 g	½ Liter	500 ml / 500 ccm		
		d Liter	375 ml / 375 ccm		
1 kleine Zwiebel	30 g	¼ Liter	250 ml / 250 ccm		
1 mittlere Zwiebel	50 g	c Liter	125 ml / 125 ccm		
1 große Zwiebel	70 g				
		1 TL	5 ml		
1 kleine Kartoffel	70 g	1 EL	15 ml		
1 mittlere Kartoffel	120 g	1 Tasse	150 ml		
1 große Kartoffel	180 g				
½ kg	500 g				
1 kg	1000 g				

Abkürzungen

Msp.	Messerspitze
EL	Esslöffel
geh. EL	gehäufter Esslöffel
gestr. EL	gestrichener Esslöffel
TL	Teelöffel
geh. TL	gehäufter Teelöffel
gestr. TL	gestrichener Teelöffel
g	Gramm
kg	Kilogramm
ml	Milliliter
cl	Zentiliter
l	Liter
ccm	Kubikzentimeter
Pck.	Päckchen
°C	Grad Celsius
TK	Tiefkühl-Kost

Bildquellennachweis

Umschlag vorn: (o.M.) Matthias Renner, (Freisteller) Reinhard Hensel, (u.M.) BUS gGmbH/Andrea Noack; Umschlag hinten: (o.M.) Turngemeinde in Berlin 1848 e.V., (u.r.) BUS gGmbH/Andrea Noack

S. 2/3: Edition Limosa GmbH; 5: (kl) Tourismusverein Berlin Treptow-Köpenick e.V./ Norbert Huber; 10: (gr) Gérard Lorenz; 11: (kl) Tourismusverein Berlin Treptow-Köpenick e.V./ Norbert Huber; 14: (kl) Tourismusverein Berlin Treptow-Köpenick e.V./ Norbert Huber; 16: (gr) Tourismusverein Berlin Treptow-Köpenick e.V./ Norbert Huber; 24: (kl) Schöneicher-Rüdersdorfer Straßenbahn GmbH; 26: (kl) Ralf Kleinfeld, www.schinkel-galerie.de; 29: (gr) Jörg Kühl; 33: (gr) Tourismusverein Berlin Treptow-Köpenick e.V./ Norbert Huber; 38: Jochen Luczak (2); 42: (kl) Ralf Kleinfeld, www.schinkel-galerie.de; 44: (gr) Fürstenwalder Tourismusverein e.V.; 45: (gr) Fürstenwalder Tourismusverein e.V.; 51: (gr) Tourismusverein Berlin Treptow-Köpenick e.V./ Norbert Huber; 56: (gr) Schöneicher-Rüdersdorfer Straßenbahn GmbH; 60: (gr) Fürstenwalder Tourismusverein e.V.; 64: Marina Schiller (2); 67: (gr) Stephan Scherer; 71: (gr) Tourismusverein Berlin Treptow-Köpenick e.V./ Norbert Huber; 81: (gr) Stephan Scherer; 82: (kl) Kerstin Töppe, (gr) Jochen Luczak; 83: Jochen Luczak (2); 84: (kl) Kerstin Töppe; 85: (kl) Reinhard Hensel; 93: (kl) Stephan Scherer; 95: (kl) Stephan Scherer, (gr) Schöneicher-Rüdersdorfer Straßenbahn GmbH; 96: (gr) BUS gGmbH/Andrea Noack; 97: (gr) BUS gGmbH/Andrea Noack; 103: (gr) BUS gGmbH/Andrea Noack; 114: (kl) Heimatstube Rauen/Herr Simon; 116: (gr) Tourismusverein Berlin Treptow-Köpenick e.V./ Norbert Huber; 118: (gr) Gerald Ramm; 119: (gr) Gerald Ramm; 132: (kl) Heimatstube Rauen/Herr Simon, (gr) Heimatstube Rauen/Herr Simon; 133: (kl) Heimatstube Rauen/Herr Simon, (gr) Heimatstube Rauen/Herr Simon; 140: (gr) Turngemeinde in Berlin 1848 e.V.; 143: (gr) Fürstenwalder Tourismusverein e.V.; 146: (gr) Stephan Scherer; 149: (gr) Matthias Renner; 152: (gr) Tourismusverein Berlin Treptow-Köpenick e.V./Norbert Huber; 156: (gr) BUS gGmbH/Andrea Noack; 174: (kl) Matthias Renner; 175: (kl) Matthias Renner, (gr) Matthias Renner

Alle übrigen Fotos: Archiv Torsten Kleinschmidt

Rezeptregister, alphabetisch

A

Aal mit Salbei	62
Ansetzen des Hermann	165
Apfel-Quark-Auflauf	130
Apfelstrudel	162
Aprikosen-Ingwer-Konfitüre	121
Aus einem Notkochbuch von 1941	172

B

Badewannen Krautsalat – DDR Kantinen Standard	18
Bauernhecht	65
Berliner Cevapcici oder Apfel-Käsebouletten	96
Berliner Kartoffelsuppe	30
Berliner Pfannkuchen	167
Berliner Schnitzel – unglaublich aber wahr	78
Birnen, Bohnen und Speck – auf leichte Art	20
Birnen-Feigen-Marmelade	126
Bohnengemüse nach Frau Lazanyi	49
Bouletten aus Schöneiche	81
Brathering und Bierbratforelle	63
Bratkartoffeln mit Blutwurst und Schmorapfel	82
Bückling mit Spiegelei	76
Buntes Huhn	87
Buntes Letscho	44

C

Chinesisch 1980	88
Curry-Paprika-Chutney	144
Currywurst-Tunke – ein Geheimrezept	156

D

Dampfnudeln	46
DDR Italiener Salat 1983	20

Klosterbrauerei Neuzelle
• Die Spezialitäten-Manufaktur •

Erleben Sie erlesene Bierspezialitäten, wie den berühmten Schwarzen Abt, Porter, Pilsner, fruchtiges Kirsch und Apfel Bier, Original Badebier, Anti-Aging Bier oder Bier-Sekt-Kompositionen. Biere ohne Alkohol, wie das kultige Ampelmann® Bier, glutenfreies und probiotisches Bier ergänzen die Genussvielfalt für Gesundheitsbewusste und Allergiker auf natürliche Art und Weise. Dieses und noch mehr erhalten Sie in unserem Online-Laden unter klosterbrauerei.com, telefonisch, im Klosterladen und im Handel.

Klosterbraurei Neuzelle GmbH • Brauhausplatz 1 • 15898 Neuzelle
Tel.: 033652 - 810-0 • www.klosterbrauerei.com • info@neuzeller-bier.de

WALDHEIMER® GEWÜRZE
sächsisch-herzhaft

Waldheimer Gewürze GmbH
Landsberger Str. 60 · 04736 Waldheim
Tel. 03 43 27 / 96 10 · Fax: 03 43 27 / 96 155
www.waldheimer-gewuerze.de

Die schnellste Pizza der Welt	108
Duft-Bratapfel	139

E

Ehestands-Gericht	47
Einfache Waffeln nach Opa Max	131
Eingelegte schwarze Senfkörner	116
Eingelegte Waldpilze	122
Eisbeinessen in Berlin und Brandenburg	85

F

Falscher Hase	95
Falsches Marzipan	172
Feiertags-Waffeln nach Opa Max	131
Feiner Apfelkuchen	166
Fischsuppe von Aal bis Zander	31
Fisch und Fenchel	66
Fleischpuffer	93
Flusskrebs-Curry-Cremesuppe	32
Forelle in Folie	67

Hier trifft man sich.

Martina Walter
Brandenburgische Str. 153
Tel. 030 / 6490119
Fax 030 / 6490117

Öffnungszeiten:
Mo–Sa: 7.30–22 Uhr

Frühstücksmuffel-Himbeer-Drink	108
Füllung für Hefekuchen	172

G

Gänseleber mit Portweinkirschen	89
Gashäuschen Soljanka	35
Gebeizter Honig-Lachs	22
Gedünstete Rosmarin-Forelle auf Paprika-Zucchini-Gemüse	68

Gefüllte Äpfel 135
Gekochter Semmelpudding 134
Geröstete Knoblauchstulle mit Tomaten 110
Gewürzhähnchen aus der Joghurt-Marinade ... 94
Goethes Gurkensalat 25
Grünkraut – so schmeckt mein Garten 120
Gute Eierkuchen 135

H

Hackfleisch-Strudel 105
Hecht in Milchsauce 77
Hecht in Pergament 71
Hefeteig – unser Familienrezept 174
Heringsbutter – Brotaufstrich 147
Heringshäckerle 23
Heringssalat nach Binnenschifferart 21
Himbeer-Halbgefrorenes 137
Himbeer-Mandel-Chutney 146
Himbeerdressing 149
Hippengebäck 163
Holundermus 140

J

Johannisbeerbowle nach Laubenpieper Art 124

K

Kalbsleber mit Bratapfel 80
Kalte Gurken-Dill-Suppe 36
Kartoffel-Kohlröllchen 52
Kartoffelkekse 172
Kartoffelpuffer 48
Kartoffelsalat aus Petershagen 25
Kartoffeltrüffel 138
Kesselfleisch vom Lamm 105
Kleinschmidts Nudelssauce 152
Knusperfisch 70
Kokosecken 168
Kreislauftrunk oder Herzwein 114
Kreuzkümmelsauce 160

L

Lachs im Bademantel 72
Lehm und Stroh – Erbspüree und Sauerkraut ... 50
Leichte Knoblauchbutter 155
Leichte Quarktorte 176
Likör 173

ICH MAG ELEGANTEN GENUSS.

www.mineralquellen.de

Stilvoll, zeitlos und edel – das Quellgesunde von Bad Liebenwerda ist nicht nur wegen seines angenehm weichen und ursprünglichen Geschmacks ein ausgezeichneter Begleiter zu jeder Gelegenheit. In den neuen, schlichteleganten 0,25 l-Exklusiv- und 0,75 l-Gourmetflaschen ist es ein wahrer Genuss für die Sinne!

Wer es noch geschmackvoller mag, greift zu den beliebten Bad Liebenwerda Bittergetränken.

DAS QUELLGESUNDE

Lungenhaschee 80

M

Märkische Spargelsamtsuppe 37
Marmeladenvariationen für gute Freunde 126
Marzipankartoffeln ohne Marzipan 173
Mayonnaise – selbst gemacht 153
Mediterrane Fischsuppe 38
Meerrettichsauce 160
Mürbeteig – Grundrezept 181

N

Nudeln machen glücklich 54

O

Omas Kartoffelsuppe 40
Omas Ofen-Pommes 55
Orangenplätzchen 169

P

Perlzwiebeln in Essig 113
Pfeffersauce 160
Pflaumenmus 128

Q

Quark-Eierkuchen 175
Quetschkartoffeln mit Buttermilch 51

R

Ragout vom Rehwild aus dem Berliner Forst ... 100
Rhabarber-Joghurt-Schichtdessert 142
Rinderrouladen 99
Rote Grütze 141
Rote Zwiebelmarmelade 159
Rotwein-Sauerbraten 106
Rumpsteak Strindberg 98
Russischer Salat Olivie 29

S

Salzfleisch 103
Salzgurken aus Rauen 114
Salzkräuter 159
Sauce Hollandaise 148
Sauerkrautauflauf 59
Sauerkrautbrötchen 123
Schlagsahne-Ersatz 173
Schlesische Schaumbrezeln (Bögeln Beegla) ... 180
Schmorgurken 61
Schneller Aprikosenkuchen 181
Schnelle Kartoffelklöße 58
Schnellgurken 60
Schöneicher Bratwurst – selbst gemacht 86
Sekunden-Saucen 160
Silvester-Genüsse 117
Silvester Bockbierbowle 117
Silvester Römertopf 117
Soleier 112
Spargel-Dill-Suppe 39
Spitzkohlroulade 104
Spreewälder Sauerkraut-Puffer 59
Stachelbeer-Schnitten 179
Süße Citrusmarmelade 126

T

Tomaten-Kartoffel-Salat 26

W

Walnuss-Kirsch-Marmelade 127
Walnuss-Pesto mit Rucola 155
Weihnachtlicher Kartoffelsalat
mit Apfel und Walnuss 27
Weihnachts-Gewürzschmalz 109
Weihnachtsbutter mit Vanille 113
Weihnachtsplätzchen von Oma Ingrid 178
Weiße Sauce – eine Grundsauce 158
Wels nach Müggelheimer Art 73
Wintereintopf mit Perlgraupen 41

Z

Zitronenbutter – einfach und schnell 160
Zitronencreme 143
Zucchinipiccata 129
Zucchini – gedünstet 56
Zwiebelkuchen 177

Das Solebad in der Natur.

SPREEWALD THERME
DAS SOLEBAD IN DER NATUR

Mitten im Biosphärenreservat Spreewald sprudeln heiße Sole-Thermalquellen in der Tiefe der Erde.
Eine natürliche Komposition aus Salzen und wertvollen Mineralstoffen sowie die Wärme machen den hohen Gesundheitswert unserer Sole aus.
Ruhe und Entspannung bietet dem wellness- und gesundheitsorientierten Gast das moderne, dem Spreewaldcharakter angepasste Bad in Burg.

WWW.SPREEWALD-THERME.DE

BADEN UND GENIESSEN
Torsten Kleinschmidt und sein Team laden ein zu frischer, gesunder Spreewaldküche.

SPREEWALD THERME GMBH Ringchaussee 152, 03096 Burg (Spreewald), Tel. 035603-1885-0, Fax 035603-1885-99

Die schönsten Seiten Deutschlands

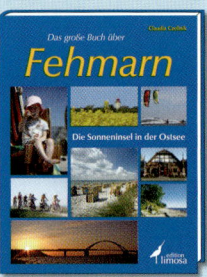

Fehmarn
Claudia Czellnik
280 Seiten, gebunden
Format 24,5 x 30,5 cm
ISBN 978-3-86037-379-8
19,90 €

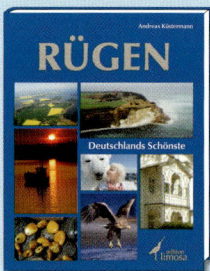

Rügen
Andreas Küstermann
280 Seiten, gebunden
Format 24,5 x 30,5 cm
ISBN 978-3-86037-361-3
19,90 €

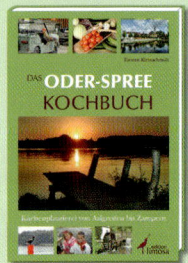

Oder-Spree Kochbuch
200 Seiten, gebunden
Format 17,5 x 24,5 cm
ISBN 978-3-86037-377-4
19,90 €

Oderbruch Kochbuch
192 Seiten, gebunden
Format 17,5 x 24,5 cm
ISBN 978-3-86037-446-7
19,90 €

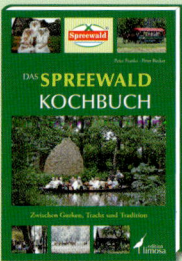

Spreewald Kochbuch
192 Seiten, gebunden
Format 17,5 x 24,5 cm
ISBN 978-3-86037-391-0
19,90 €

Die Spreewälder
192 Seiten, gebunden
Format 17,5 x 24,5 cm
ISBN 978-3-86037-456-6
19,90 €

Für Buchhandel und Wiederverkäufer bieten wir spezielle Konditionen an.
Bitte erfragen Sie diese beim Vertrieb:
Tel. (0 58 44) 9 71 16 30 | vertrieb@limosa.de

Edition Limosa GmbH
Lüchower Straße 13a | 29459 Clenze
Tel. (0 58 44) 97 11 60 | Fax (0 58 44) 9 71 16 39
mail@limosa.de | www.limosa.de